生命，因**閱讀**而**大好**

生活裡，遇見阿德勒的溫柔

李家雯（海蒂）——著

目錄

contents

Part 3 生命中的三大任務——每個人都是自己的開創者

Chapter 5 生命任務① 人際關係——有「人」的地方就有江湖！

Chapter 6

生命任務②

工作——為了活下去&帶來貢獻！

Chapter 7

生命任務③

愛與親密關係——用心經營，打磨出幸福的樣貌

Chapter 8

帶著「勇氣」出發！——探索更好的自己

序言

日子再難過，都可以來一杯阿德勒的溫暖！

「阿德勒的書，怎麼都這麼兇？這麼不溫柔？」曾有學生這樣問我。而對阿德勒心理學重度使用的我來說，這個評論讓我感到非常訝異！

阿德勒太直接？太兇？這可是我從沒想過的。

研讀阿德勒心理學二十年來，不敢說精深，但我在阿德勒的世界裡，感受到的卻是既溫柔又涵容的哲學思維。阿德勒不是像肯德基爺爺一樣慈祥和藹嗎？怎麼有人會認定阿德勒嚴肅又嚴厲呢？

後來想想，我知道原因了！在台灣，市面上阿德勒本人的著作大多是「演講稿」，其中有許多是由德文翻譯成英文，再翻譯成中文，一再轉譯的過程，難免失去溫度。而即使是阿德勒本人的著作，在一百年前的文化背景下，當時所使用的文字與寫作習慣，可能也多了堅定與絕對的態度，而少了現代人習慣的緩衝空間。

事實上，許多曾跟隨阿德勒本人的門生們都說，阿德勒老爺爺是一位極具魅力的演說者、教學者，只是可惜了他沒有留下更具系統性的著作，使得現代的我們，若想進一步了解阿德勒心理學的精神，就得透過他所遺留的手稿、演說、示範等記錄，再由他的門生們彙整而成。因此，想體會當年的原汁原味，顯然有相當的難度。

對我來說，阿德勒心理學是很溫柔的。它像水一樣溫柔，總不爭不搶，不過度用力地遊蕩在我們的生活裡。當你仔細觀察和體悟，會發現阿德勒心理學的風貌早就在生命裡的各個角落展現了。

洞察人性，闡述生活

阿德勒心理學，是對人性的洞察，也是對情緒的接納。阿德勒明白，人總有各種情緒，而我們該做的，不是割捨與拋棄，而是去細細撥開每種情緒底下所內隱的真實渴望。情緒本就是生命流動的一部分，唯有接納它，才能帶來更完整的自己。

阿德勒心理學，是對生活的闡述，也是對人際行為的理解。阿德勒認為，誘發人們行動的，都來自每個人心中那股想要變得更好的渴望，因此，沒有任何錯誤或不良的人格，只有是否合於社會，適合自己的群體而已。所以，從阿德勒心理學的角度來看，人生在世就是人各種豐富「生命風格」的展現。

每個人的風格，代表著各自潛意識裡的信念與價值觀；也是這個組成，產出了人際間各種豐富的行為樣貌。它包含我們在「社會」架構下，看待自己和看待別人的方式，這都無意識地規範我們與人互動的模式。

因此，所謂生活，就是人們彼此生命風格的碰撞與拉扯。差別在於，這些碰撞中，究竟帶來的是美麗燦爛的「煙火」，或是破壞陰暗的「煙硝」而已。

一門科學，也是藝術

阿德勒心理學，是對生命進行理解的一門科學，也是藝術。

阿德勒認為，心理學不該是一門嚴厲艱澀、令人畏懼的神祕學；相反地，它應該是拿來使用，使人生更美好的藝術！比起只停留在分析、理解他人，阿德勒更渴望藉由心理學，使人們在生活中有更多改善與正向提升，讓人活得更加自在、幸福。因此，阿德勒心理學不只是一門科學，更像是生活的哲學，能引領著跟隨的人們貼近自我內在；當自我接納與明白後，就能進而連結周遭他人，創造與他人正向的關懷和連結，接著產生對自己和他人更自在且富饒的生活空間。

阿德勒心理學，是Ease and Enrich——自在也豐盛！

也許過往對你來說，阿德勒的概念好似不切實際的雞湯，又或是，你曾感受過阿德勒原著的語言艱澀生硬，然而，使人苦口是良藥，暖人脾胃是雞湯。不論是良藥或雞湯，都是可以使人們更站穩在自己生命路徑的良方。

日子再難過，都讓我陪著你來一杯阿德勒的溫暖吧！

阿德勒心理學小教室

一八七〇年初春，阿爾弗雷德・阿德勒（Alfred Adler）誕生在奧地利維也納近郊，一戶經營穀物販賣的猶太商人家庭。阿德勒自小患有佝僂症，因為身子骨鬆軟，無法支撐身體成長，直到四歲時才學會行走。阿德勒在家裡六個孩子中排行老二，他的大哥有別於他，自小身子骨健朗、又高又帥，媽媽對哥哥寵愛有加。阿德勒因為肢體的殘缺，自小就看著兄弟姊妹活動自如，自己卻連吃飯、如廁等簡單的生活自理，也需要旁人攙扶協助。在家中的手足裡，弟弟跟阿德勒的感情最好，兩人常在睡前天南地北地閒聊。然而，在阿德勒三歲那年的某日清晨，當他醒來時，驚嚇地發現前一晚一起入睡的弟弟，竟然冰冷地一動也不動，躺在自己身邊，死於白喉症。這樣突如其來的衝擊，使得阿德勒心中深深感受到生命的脆弱，在很小的時候便體會到人生無常。

在阿德勒學會走路後，兩度感染肺炎。他在高燒昏迷之間，聽到一名似乎是醫師的大人，對他的父母說「你的兒子活下去的機會不大，請節哀順變吧！」聽到醫師這樣說時，阿德勒心裡感到一陣恐慌，他好想對爸媽大喊「不要放棄我！我還想活下去！」但他喊不出聲音，只是再度昏睡過去。幸運地，他有機會復原，再度醒了過來。這些疾病與死亡的經驗，使阿德勒從小就深深體會到原來人的生命是如此地渺小，於是他告訴自己：「我長大要當一名醫師！除了幫助自己對抗疾病與死亡之外，也要幫助別人！」

一八九五年，阿德勒通過考試，取得維也納大學醫學院的學歷，完成兒時的夢想，成為了一名助人的醫師。甚至，在行醫的過程，他展開了對人類行為與精神醫療的興趣，創始了自己的心理學學派，稱之為「個體心理學」。阿德勒主張每個人都是獨立且特別的個體，強調人的整體性，也強調社會平等與人際合作的重要性，著有《自卑與超越》一書。

Part 1

一切都是自卑在作祟！

自卑感，每個人都有

自卑是人的天性，是必然，也是世上人人皆有的人生課題。
因為「自卑」，我們產生行動，
也展現對應人生的姿態，以及對自我與世界的獨有詮釋。
因應自卑而衍生的種種，是人們內心的密碼；
我們所有的想法、情緒表現、言行舉止，
都受到這套密碼無意識地引導著。
只要能看懂、明白自己的自卑，人生將豁然開朗！

Chapter 1

人一輩子，都在跟自卑感奮鬥

——關於負面情緒和感受

「身為人，就會有不如人的感覺。」

——阿德勒

阿德勒認為，自卑是人們進步與改變的起點。
只要正向自卑，也理解自己的自卑，
便會發現，原來自卑感是幸福感的起源。

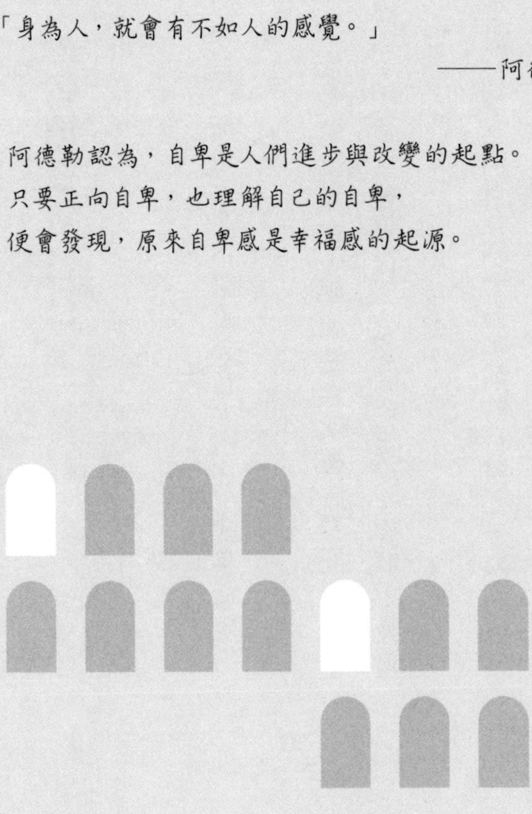

自卑的人，總習慣欺負自己

你有沒有很討厭自己的地方？不論是外在、內在，或是環境給你的。

從小到大，在我成長的過程中，媽媽總會反覆說著同一個故事：「你剛出生的時候，大家來醫院探望，都開玩笑說，你啊！長大以後可能還得再多花三千塊？」

「三千塊？那要做什麼？」畢竟四十多年前的台幣三千塊價值並不低。

「割雙眼皮啊！」

媽媽每回講到這件事，總是大笑一番。這是在我們家流傳了幾十年的玩笑話。

這是我的成長經驗。媽媽是個很在乎美感與優雅的人，因此在她眼裡，不夠好看的事情很容易被放大，且格外在意；而在這樣強烈的影響下，我從小就烙印了一種感受：「好看是很重要的！因為好看而被看見，是很重要的！而我，就是天生不夠好看的醜小鴨。」（而且還是不會變天鵝的那種。）

確實，長大的過程中，我對自己的外表從來沒有滿意過。

你有沒有聽過一句話？「人一輩子，都在跟自卑感奮鬥！」對我來說，這句阿德勒的經典名言再真實不過。我這一輩子，都在外表不夠亮眼的限制下感到無比自卑，也一直苦苦掙扎著。

其實，說對外表在意是我自卑的一種表象，而我心底真正害怕也在乎的，是那種在人群裡不夠亮眼、不夠有特色，因此無法被看見價值的心境。

你是否也如此？

在生命裡有些隱約的遺憾、討厭的事情，一再反覆地提醒你、刺激你，告訴你「你不夠好！」不論是外型的弱小（美醜）、手足間不同性別的差異對待，或是同儕間成績、天賦的不同，都可能給人一種隱隱約約、酸酸刺刺的不舒服感，而這種不舒服，總會似有若無地干擾著你對自己的價值與判斷。

什麼是自卑？

我猜，當你聽到「人皆有自卑」的時候，多半心生反感，甚至本能地先抗拒、否認吧！

「哪有！我只是不喜歡我的某種狀態，但不至於到自卑吧？這樣就說是『自卑』，也說得太過分了吧？」此刻的你可能在心裡反駁，甚至腹誹著這樣的觀點。

但……先別急，在丟下這本書之前，我想請你先放下過往對「自卑」一詞的認識。老實說，當我第一次聽到阿德勒提出「人皆有自卑」的概念時，也是非常不以為然。但其實，阿德勒所謂的自卑，簡單來說，就是**一種單純覺得自己「不夠好」，覺得自己不夠完美的一種不足感**。這跟我們一直以來只要提到「自卑」，就會聯想到「畏縮、膽怯、渺小、沒有特色……」等等，並沒有絕對關聯。

你也許還是不喜歡自卑一詞，那麼，或許我們可以用「脆弱」或「不夠好」來替代。所謂自卑，就是**那些一觸碰到就令人感到赤裸不堪、不願任何人觸及、難以直視的脆弱感受，是一種因為體會到自己的限制，而產生的不舒服感**。而往往，我們對自己的自卑認識不夠深，於是，我們的自卑也宛如藏在內心深處的潘朵拉盒子，一旦在無意識下被掀開，就可能引發災難。

阿德勒心理學小教室

在阿德勒心理學相關書籍裡，談到「自卑」一詞時，多半是從英文「Inferiority」翻譯而來。而最早，當阿德勒提出這個詞的時候，使用的是德文「Minderwertigkeitsgefühl」，是「較少」(Minder)、「價值」(Wert) 和「感覺」(Gefühl) 所組成的一個詞彙。因此直譯來說，就是「價值感覺比較低」(Feeling Less) 的意涵。

我不夠好，這感覺是怎麼來的？

我曾在路上看到這樣的畫面：

一個三、四歲大的孩子跟著身旁的阿嬤走著，突然發現下雨了，他對拿著雨傘的阿嬤說：「阿嬤，雨傘給我，我想要自己打開。」阿嬤立刻拒絕了他，對他說：「你不會啦！」但孩子不放棄，小小的身軀，頂著偌大的堅持，站在路邊奮力高喊：「我會！我可以！」就這麼來回了幾次，阿嬤拗不過他，只好把傘交給他。但他確實就是個年幼的孩子，自然沒有足夠的力量可以推開比他身體還高上許多的傘，幾番嘗試後，他氣餒不已。此刻，阿嬤笑了笑，接過他的雨傘，對他說了一句：「你看吧，我就說你不會啦！」

這樣的場景，你是否似曾相識？我們自小就被包圍在到處都是「萬能的大人們」的環境之中，我們所感受到、知覺到或得到的訊息，無一不是：「我好渺小，好需要大人幫忙」。當小小的身軀餓了，既無法清楚表達出來，也無法靠自己吃飽，只能倚賴身旁那些幾乎所向無敵的大人來理解我們哭泣的訊息，提供資源；短短的雙腿想走遠，也因為肢體肌肉尚未發展成熟，得倚賴萬能的大人牽、扶、攙、抱、背，幫助我們移動。

即使身為孩子，看似弱小、無力本就是一種自然且理所當然的狀態，**但我們仍會主觀地覺得自己「不足、不好、卑微而脆弱」**。因為自出生開始，我們就不斷接收到來自身旁，有意或無意、明示或暗示的訊息在告訴我們：「我太小！我不會！我不行！我太弱！」這一連串的訊息在跟我們說：我就是不夠好！甚至，傳統的教育模式要面對越來越困難的課業挑戰，也強化了這樣的負面價值觀。

生命的早期階段，我們一直都有「學不夠的知識」、「做不夠的任務」，很少會有什麼樣的機會或階段，可以讓我們深刻地感受到：「我真的夠好了！」如果身旁大人的覺察不足，那種「心有餘而力不足」的脆弱感受，就會從幼年開始禁錮著我們的心靈，常駐在意識裡。即使大人們不是刻意想打壓孩子，那種自主性地感到自己渺小脆弱，還是會成為我們往後人生裡，持續不斷內化的心理模式。

內建「自我挑錯」心理模式

面對生命的不夠完美（我們的自卑），我們總是逃避與抗拒多過於接納與允許。因為想控制自己的不足、不完美，於是產生了許多用來對抗自卑的武器——我們變得對自己越來越嚴苛、總是不停地挑自己毛病。換句話說，我們自小就開始內建對自己的「挑錯機制」。然而，這樣的「挑錯機制」未必有幫助，當某些不完美無法被控制或改變的時候，反倒對內心產生了更大的攻擊，責怪自己「怎麼這麼糟？怎麼這麼爛？怎麼這麼遜？」

你有沒有這種經驗，放假在家，花了一整天的時間在床上滑平板、追劇、玩遊戲，明明是可以好好享受放鬆的時光，卻一邊滑平板，一邊內心煩躁著，苛責自己正在虛度時光——自責自己就是懶惰；甚至對於那些被浪費掉了的時間感到焦慮，認為自己正在錯失讓生命更有意義的機會。這樣的自我鞭笞，結果就是完全無法達到「真正休息」。同時，我們也可能忽略，自己早就被生活壓得喘不過氣，根本沒有額外的精力去做所謂「有意義」的事。

又或者，當你好不容易跟自己在意的人有機會互動，卻不小心說錯了話。這個口誤，在旁人看來無傷大雅，甚至沒有人放在心上，但你卻一直覺得發窘難堪，在心裡不停地糾結反芻，不斷懊惱自己，覺得自己是大笨蛋，無心專注在眼前的互動，心不在焉地直到對話結束，而忽略了人本來就不完美，無心犯錯更是人之常情。然後，更嚴重的是，明明事情已經過了好幾天，你還是不放過自己，時不時就要回溫一下好自我鞭笞。說好聽，這是懂得自我反省，但事實上，就是一種不折不扣的「情緒內耗」。

有效的自我反省會帶來實質的改變，但情緒內耗卻未必。「情緒內耗」讓我們在情緒上持續消耗自己的能量和資源，它無法產生實質性的改變行動或解決問題的行為。這種情況下，我們就會陷入情緒泥沼中，感受到情緒上的疲憊和無助，依然無法有效地應對或解決問題。

「自找麻煩」的人，習慣貶抑自己

說實話，要人們承認自己的不足、面對「自卑」，是件非常不容易的事，那等於強迫人們不只在心中糾結而已，還得赤裸裸承認：對！我就是不夠好！但事實上，**從自我療癒的概念來說，去認識與接納自己的自卑，是件很重要的事——那也是我們因自卑而展現勇氣的來源；勇氣，是有能力承載適度的不舒服。**

這幾年，不論在諮商或演講時會發現，多數的人們其實對自己既嚴苛又不公平，總是用極度不切實際的角度來要求自己。阿德勒不止一次在他的闡述裡這樣表示：「每一個人的不足之處都是天生的。」只要是人，皆有自卑感，這是人的普遍意識。而這種內建的「我不夠好」的心境，在這個鼓勵「謙卑」、貶抑「驕傲」的文化裡，尤其顯而易見。

許多長輩認為：不能對孩子鼓勵讚美、不能說好話，因為說了好話，會讓孩子得意忘形、自得意滿，會讓人不思進步。又或者，每當我們聽到他人的讚美與肯定，「自謙」文化也使我們被訓練得**不能開口承認別人對我們的肯定**。「哪裡哪裡」、「這沒什麼啦！」、「我只是幸運而已」……這些都是我們從小被大環境教養下的慣有（也該有）回應方式。

如果你是父母，你可能要求自己「既能提供孩子有品質、有水準的物質與生活，又不能錯過孩子的任何內在需求，同時要求自己的情緒穩定」，所以，每天不只忙於柴米油鹽的張羅與奔波，還要照料孩子的一切所需。

如果你是正在為工作打拚的上班族，可能也期待自己要有鋼鐵人般的身體、超人般的意志（看看市面上有多少與「提神」或「提升工作效能」相關的營養補充品，就知道現代人把自己逼得多緊）。即使你需要做些娛樂或放鬆的事，也必須是有理由的。若是單純的放空，就會無止境地撻伐自己：怎麼可以耍廢？怎麼可以一事無成？好似任何的休息或放鬆，就是天大的罪過。

我們內建的「我不夠好」思維，變成了內建的「自我挑錯」模式，進而成了時時刻刻「自找麻煩」的人，鞭策著自己非進步不可。美國兒童心理學家、教育家和精神病醫師魯道夫・德瑞克斯（Dr. Rudolf Dreikurs，阿德勒的嫡傳弟子）說：「這就是我們給自己的偏見，是我們無意識下為自己貼上了評價與標籤，使我們習慣性地低估自己，更使我們討厭自己的『不夠好』。」

自卑情緒的化身，獨特且具創意

阿雯是兩個孩子的媽，除了照料孩子的日常生活之外，她也格外用心地投入工作領域，努力表現自己，不只保持一定的工作時數，還要到處進修上課，維持自己的專業能力與價值。但不管怎麼忙碌，她總是要求自己得撥出時間陪伴孩子，並照料一切生活事務。每當她的孩子遇到困難，情緒不好，甚至情緒失控，對她表達不滿時，她會很快地陷入極度的無力感與挫折中——氣餒懊惱自己都這麼努力了，為什麼還是沒辦法讓孩子開開心心的？又為什麼老是承受不了孩子的情緒。甚至，她會很快地質疑自己——身為心理師，怎麼連自家孩子的情緒都照顧不了……

是的，這個阿雯就是我，以上這些曾是我真實的心境寫照。有一段時間，我對於平衡家庭與工作之間懊惱極了，因為我總會在跟孩子大大小小的互動中，找到挑自己毛病的地方，認為我就是不夠好。對我來說，我的自卑情緒反應在每當「我感覺到自己無用武之地」時。而我對自卑的反撲，就是更加用力地去照顧孩子的情緒反應；甚至，我更加用力地撻伐自己的力有未逮，忘了以客觀的角度看待自己——這也是我個人獨特的自卑反應。

每個人的自卑樣貌，都是獨特且極具創意的。阿德勒提到，人們總有獨特的自卑，而這些自卑也在生活中以各種形式提醒我們它的存在，不自覺地引發我們各式情緒反應。在工作上、人際關係、愛情裡，我們都能看見個人自卑的獨特蹤跡。

自卑的樣貌形形色色，不只過度的自我防備可能是自卑情緒的化身，過度自我攻擊或過度努力都是。有些人因為不喜歡自己，無法接納真實的自己，所以更拚了命去追求不一樣的自己。但過度渴望成為更好的自己時，就會形成「**過度補償**」（參閱第二章）的行為來自我控制、自我攻擊，甚至用更多的恐懼來威嚇自己——不得不努力才行，無形中讓自己陷入痛苦的深淵。

「我如果不努力，就會在工作上被淘汰！」

「我如果不努力付出，就可能在關係中失去愛！」

「我如果不爭取對方的注意，就不能得到愛。」

各式各樣的有毒信念，彷彿電子元件被植入了名為「自卑」的晶片，存於我們體內，成了無法抵擋的自我威脅和恐懼，不但無法讓我們更接納自己，也因為過度用力，帶來了更深的空虛感，甚至失去對生命的熱情。換言之，在持續過度地拚命、努力追逐他人認同的同時，就等於在無意識裡，將來自外界卻不合適的框架硬套在自己身上，削足適履，讓人痛苦難耐，形成惡性循環。

自卑感，讓你更認識自己

你可能會說，「我就是厭惡自己不夠好啊！面對自己不滿意的地方，我要如何接納它呢？」

其實我也想問問，你有沒有發現，當我們對自己萌生更多排斥與討厭後，帶來的傷害可能更大？

我想，我們都認同，「對自己不滿意」是一種人人皆有的狀態，但這個「不滿意」的情緒，真的就是差勁與不夠好嗎？會不會這也是我們對自己的一種偏見？阿德勒說：「自卑感，未必等於痛苦感的來源，也未必是差勁的體現。」

與「生命可承受之痛」共處

人類是很美好的生物，我們擁有各種豐富且自然的情緒與感受。某些感受（例如：開心、愉悅、滿足）我們樂於與它共處，但有些感受（例如：悲傷、憤怒、焦慮）卻不容易忍耐，甚至具有破壞力。

阿德勒心理學強調「自卑感，人皆有之」，是為了提醒我們得更認識自己，更貼近自己的內在，因為「人生的重點不在於你擁有什麼，而是你怎麼使用它」。

我們的自卑感受是自然且真實的，只要細細覺察自己，就會發現這些不舒服的感受多半是「生命可承受之痛」，未必會阻礙我們前進。換言之，「自卑感受」沒有好壞之分，我們要做的是，在生活中找到與自卑感共處、甚至善用自卑感的方法。

當我們能與這些生命可承受之痛共處，就不會繼續找自己的麻煩。以我為例，當我慢慢意識到自己對外型的焦慮，不只展現在「小眼睛」之上，還包括：我的身材短小圓潤、我臉上的斑點越來越多、我的額頭過高……等各種能被挑剔的地方，這才發覺，即使我處理了一項（例如：割雙眼皮），往後一定還會有源源不絕的理由讓我討厭自己。因此，如果我不能與自己的自卑共處，生命中最大的問題就會是「自己」！這些年，我學會了與自己的外型和平共處，才能有足夠的底氣與自信去面對生活中的其他事務。

阿德勒心理學小教室

不論是文化上，還是天性上，覺得自己不夠好的「自卑感受」其實都烙印在每個人的心中，這種自覺渺小、低下的狀態，阿德勒的學生魯道夫・德瑞克斯醫師將它區分為：

- **生物性的自卑**：指人類生理性上的不足，像是孩童天性的弱小、瘦小，或者像我對於外型的不滿意，都屬於這種。
- **人類宇宙性自卑**：指人類體悟到自己在宇宙萬物中的自我存在，是一種渺小且微不足道的脆弱感。
- **社會性自卑**：指人們在社會脈絡中與生活環境裡，不自覺地和他人比較，自覺得不夠好的感受。

你不喜歡的是「自卑情結」

說到這裡，你還是對「自卑」沒有好感吧？其實這一點也不難理解，畢竟「自卑」一詞的負面形象在我們的文化裡實在太巨大了！但事實上，你不喜歡的，是「自卑情結」的表現，而非「自卑」。

當「感受」化成了「情結」

前面提到，「自卑」是一種生而為人必然有的情緒感受，它跟生活中的開心與難過一樣，都是人類在面對大小事時自然產生的情緒流動。不論什麼情緒，都是正常的存在；生而為人，我們必然時時刻刻有感覺。情緒，是心的語言，是自卑在呼喊，可惜人們往往對情緒覺察不夠，去壓抑它，甚至認為情緒不應該存在，因而少了與自己內在自卑產生正向對話與連結的機會。

這幾年討論到情緒調節時，很多人會強調「不要有情緒」，這其實是一種自我欺騙。大多數的我們，真正不喜歡的是「負面情緒」，例如：害怕、傷心、失望、焦慮、憤怒、憂傷、氣餒……等等，但絕不會有人說「我不要『快樂』、『幸福』、『愉悅』、『高興』……等正面情緒」。我們往往忽略了，人擁有情緒，也必然有情緒，這都是正常的現象，但我們要避免的，是當這些情緒過於強烈而干擾到日常的生活作息。

比方說，我們會欣然接受自己因為工作上的好表現被賞識時，內心充滿愉悅和成就感，但我們知道不能讓自己過度沉浸在那些開心感受，而干擾了對其他事情的判斷，以免樂極生悲。同樣地，當我們在面對失落、傷心的經驗，例如，面對親人的離去，我們多數人允許自己擁有悲傷哀悼的時間，但我們也明白，這些極度的苦痛別干擾了生活功能才好——像是因為過度憂傷，導致無法正常飲食或嚴重失眠的情況，就是需要留意的時刻了。

我們知道情緒與感受是光譜性的樣態，過多或過少，都不好。那麼，「自卑感受」是不是也相同呢？

我們可藉由以下的例子，來理解「自卑感受」和「自卑情結」的差異。

孩子都喜歡自己的母親，每個孩子天生就想和母親在一起的情緒，本是最真實且自然的表現。然而，一旦這個孩子因為過度喜愛母親，變得不想和母親分開，該上學的時候卻不肯出門，導致嚴重的分離焦慮；或者長大成人後，這個孩子依然過度在意母親的感受，做什麼決定都要經過母親的允許，這樣的表現就是「感受」化成了「情結」的樣態。簡單來說，**當一種感受的強度與濃度過高，干擾了這個人原本該有的日常生活，就會形成「情結」**。

自卑情結的樣態

人會害怕失敗，不想面對挑戰的心情或情緒，都是正常的，然而，一旦這種焦慮或恐懼感受過大，干擾了原本的生活功能，就可能是「自卑情結」的展現了。

小安從小的學業成績表現不差，也畢業於不錯的學校與科系，然而自大學畢業後，他的求職生涯一直都不順利。剛從學校畢業時，小安和其他年輕人無異，對自己的未來充滿了無限的幻想。無奈現實是把殘酷的利刃，小安畢業時遇到大環境不景氣，許多公司掀起裁員潮，就業市場上離職的人比就職的多，要找到一份令他或家人滿意的工作，越來越困難。一次次投出的履歷石沉大海，幾乎得不到回音；有時終於獲得了面試機會，卻因為過度緊張而表現不出原本的實力。漸漸地，小安對求職越來越不積極，人際關係也越來越退縮，更別提找到知心的伴侶了。年過三十五之後，他放棄了跟隨社會期望奮鬥，當年畢業時的雄心壯志早已不見蹤影。小安成了對世事都無所謂的「繭居族」，認為自己只要持續不婚不生，住在父母提供的房子裡，對未來無須期待，對生活也不用認真。

你聽過「厭世」一詞嗎？或者，你是否看過這樣的「迷因哏圖」：圖片中的人物用拇指比了一個「讚」的動作，背景打上「我就爛！」三個字。如果用這個哏圖來形容小安的心境，還真是十分貼切。因為小安所呈現的，就是一種「自卑情結」的樣態，一種「別要求我表現得太好，因為我就爛，別對我有期待！」的心態。

像小安這樣「我就爛」的心態，在生活中越來越普遍，原因為何？並非他們對自己完全沒有期待或毫無自我要求；相反地，那恰好反映著他們對自己「既期待又怕受傷害」的矛盾心情。當一個人對未來成功的想像感到太過困難（對成功的定義又過於侷限時），就不易相信自己有能力或機會可以翻轉眼前的挑戰，自然更容易產生逃避、不願面對的反應，進而深化成一種「我不想對自己有任何期待」的狀態——因為只要沒有期待，就無須面對有可能失敗。因此，多數的「繭居族」、就學困難（拒學／懼學）的孩子，或是更多窒礙難行、嚴重生活功能不彰的例子，都極有可能是自卑情結的展現。

當「自卑情結」變成「優越情結」

「每個表現得高人一等的人背後，我們都可以察覺到一種自卑感，而這種感覺是需要格外努力掩飾的。」——阿德勒

一位大公司的老闆，是叱吒商場的大人物，旗下有近百名員工

要聽令於他。這位老闆出身於一個貧困的家庭，即使小學時期成績優異，但因為家中還有多個弟弟妹妹要養育，無法支持他繼續升學，所以十來歲就隻身到外地工作，背負起父母親給他的任務，開始賺錢養家。

年少的他十分認真努力，帶著一只皮箱從鄉下來到大都市，從小學徒開始打拚。慢慢地，他成了能獨當一面的師傅，而後又成立了自己的公司，胼手胝足將這個原本只有幾名員工的小公司，擴大成擁有上百名員工的規模。然而，他對於自己當年沒機會繼續升學感到遺憾，「學歷不好」始終是他自卑感的來源。不過，這倒也促使他格外認真，因此事業版圖蒸蒸日上——大多時候，這個「自卑」對這位老闆來說，都是正向牽引的力量。

然而，在我與這位老闆有更多互動之後，我觀察到，他的自卑有時會轉化成另一種型態。成為大公司老闆的他，多年來，在聘用員工的條件上，始終堅持只聘用碩士以上學歷的職員，甚至格外喜歡挑選擁有國外學歷的人。依他的說法，這些人具有優異的外語能力和國際觀，能幫助他拓展國外業務。不過，這些老闆眼中優秀的人才總是很難待得住，進公司後不久就會離職。仔細探究原因，原來是每當開會或業績表現不理想時，老闆總是用格外難聽又不合理的口吻來批評部屬。特別是，他總會從學歷最優秀的人開始罵起，甚至說出幾近人格羞辱的語言：

「哦？這個你也不會，虧你還是美國回來的？」

「原來喝洋墨水回來也沒有比較聰明啊？解決不了問題，還不如我這個小學畢業的……」

這類尖酸刻薄的言詞，在會議上從老闆的口裡說出是家常便飯，但聽久了，任誰都受不了。當公司的經營績效不理想、老闆在會議上提出檢討，是再自然不過的事；身為公司唯一負責人，檢討公司部屬的不良表現，也非常合理。然而，這位老闆的行為既沒有解決真正的問題，也沒有檢討業務缺失，而是基於自己在公司地位的優勢，合理化自己對部屬的貶抑和攻擊，藉此補償內心對學歷的失落。簡單來說，這位老闆的行為，就是一種「自卑情結」轉換成

「優越情結」的樣態。

主戰場 & 次級戰場

上述案例中，對這位老闆而言，自身的學歷不足一直是他感到不滿足（自卑）的來源，於是在自己公司聘用高學歷的人才，是他尋求不足的「**補償**」表現。

也許老闆從沒有機會覺察自己這種無意識的表現；對他來說，學識與學歷是「地位與價值」的來源，因此，他喜歡聘用高學歷的人才，讓他們為自己賣命——一來可以感覺到自己墊高了價值，公司在業界也能得到足夠的敬重；二來也補償了自己本身學歷不足的自卑感。

但同樣地，這位老闆與員工互動時，也會無意識地將「學歷」作為自己與他們競爭的戰場。什麼意思呢？對這位老闆來說，他內心真正在意的點，是因「低學歷」而產生的自卑。每當他和那些學歷比他高上許多的部屬們在一起時，就宛如置身名為「學歷」的核心戰場（阿德勒稱為：主戰場）——這是他長久以來心中隱隱作痛的一根刺。

聘用高學歷的員工，雖然表面上看似墊高了老闆的高度，但依然彌補不了深埋他心中那種自慚形穢、覺得矮人一截的感受。於是，身為老闆，他有絕佳的第二戰場（次級戰場）來確保自己的地位——他在會議上利用憤怒、攻擊、批評等武器來詆毀部屬們，以保護自己維持「高人一等」的姿態。對老闆來說，這個第二戰場是「保證絕對勝利」。畢竟身為部屬，他們不得不聽令於老闆，更不可能反擊啊！

以變調的優越感掩飾自卑

麥克・辛格在《覺醒的你》一書中提到這樣的比喻：想像你的手臂上有根刺，直接觸及在神經上，任何東西碰到這根刺，都會弄痛你，即使只是一片輕輕滑過的葉子，也會令人痛不欲生。

面對這根刺，你可以有兩個選擇：其一，是避開所有會觸碰、干擾到這根刺的任何人事物，甚至築起一堵高牆來防衛、保護自己，以避免任何冒失鬼在不小心的狀況下又弄痛了你。而如果真的有人這樣做，你可能會猛烈攻擊對方，以確保他下次不會再犯。又或者，你有另一個選擇，是直接拔除這根刺。當然，這未必是一件舒服又容易的事，卻能直搗核心問題，有機會一勞永逸。

你注意到了嗎？在上面提到的故事裡，大老闆面對他心中「低學歷就等於低自尊」的這根刺，他大可有各種方式來面對，例如：再去進修、學習更多嶄新的知識和技能，或參加針對高階主管所開設的課程等等。然而，他卻採取「無用的方式」來因應內心的那根刺。他透過聘用高學歷的人才來墊高自己，但也透過攻擊、貶低這些部屬，來確保自己的地位，鞏固心中的不安。這些攻擊與貶低，並沒有為他真正解決問題，卻使得真正的核心議題被掩蓋起來了。換言之，老闆用了一種變調的優越感來遮掩自己的自卑，不只自我陶醉，也麻木自己。

覺察自己，不讓自卑干擾生活

從主要核心戰場逃到次級戰場的例子，你想必不陌生，例如惱羞成怒的家人、倚老賣老的長輩、堅持自己是唯一正確的正義魔人……等等，很多時候都是如此。我也看過這樣的情況，某些長輩在與成年孩子對話或激辯時，一旦意見不合，又說不過孩子時，這些父母一怒之下激動地拍桌子、瞪眼睛，嚴厲指責孩子：「不孝！不尊重！」怒斥：「你翅膀硬了，這樣忤逆我！」用這般言論攻擊孩子。

真正的主戰場，該是他們本來在討論的事件。然而，當長輩無法就事論事，在事件上感到自己「失勢」時，就會給孩子扣上「不孝子」的名號，選擇一個讓孩子無法回嘴、啞口無言的方式來維持自己的自尊。

主戰場與次級戰場的樣貌形形色色，而每個人自卑感受所展現的樣子也各不相同。不論是什麼，從阿德勒心理學的角度看來，自卑是人的天性，是常態，任何人都可以擁有適度的「自卑」——自卑是很有力量的，也可視為催化進步的禮物！

自卑既是動詞，也是名詞，但重點是，我們可以透過對自己更多的覺察與認識，以避免過度且不健康的自卑感受干擾我們，甚至傷害和他人的關係。一旦過度自卑，又不夠覺察時，就可能會轉化成對生命沒有助益的「過度補償」，這時自卑這個寶石，就會成為真正的絆腳石了。

阿德勒心理學小教室

阿德勒認為，在心理上追求優越感受，與人們的生理成長並行，也是生命體中一種本質上的需求。

從劣勢到優越的追求，大致上來說，是一種覺得比較好（Feeling Better）的狀態。例如，從「不安全」到「安全」、「不足」到「滿足」、「失格」到「有價值」、「無能」到「效能」、「脆弱」到「有力量」……這種更好的感覺，也是一種更為完美、完整、克服困難的感受。不論是哪一種，都反映一個人對自己主觀定義裡「成就和成功」的渴望，以及為了達到這些目標而展現的努力。

Chapter 2

放下
對自己的敵意

——自卑是一種禮物

「不足的感覺，是一種正向的痛苦。」

——阿德勒

自卑感，未必是痛苦的來源，
也未必是差勁的體現，它甚至可能是一種禮物。
要自我接納，得先自我覺醒；
願意放下對自己的敵意，減少自我攻擊，
並允許自己有各式各樣的情緒。
現在開始，仔細聆聽內心深處的聲音……

自卑是黑洞，但也可以是道光

如果你認為阿德勒的自卑理論，只是想挫挫人類自傲自滿的銳氣，讓大家承認自己不夠好，那可就誤會大了！確實，人皆自卑，這是阿德勒心理學一個重要假設前提，然而阿德勒也說：「人類的一切進步與文明發展，皆始於我們自卑的心境。」

讓自己變得「完整」，而非「完美」

為什麼要花上這些篇幅來談阿德勒的「自卑」？因為在此之前，我們或許都不曾意識到，人類所有的行為、想法、感受、決定……可能都受到潛意識裡的自卑所驅使，自然也無法意識到，自卑感受未必是絕對不好的。當我們往內在探索，或許會發現生活中很多「成就」、「努力」，都是來自對「克服自卑」所產生的力量。且讓我們把「對自己的不滿意」，視為一種人人皆有的狀態吧！

接納但不評判你的感受

在往下談之前，請先問問自己這幾個問題：

- 你認為你的自卑來源是什麼？
- 一直以來，你都用什麼樣的眼光看待自己的「自卑」？
- 在過往的生命歷程中，每當面對自己的各種不足與匱乏時，你對自己夠接納嗎？
- 你能否如實地接納自己的「不夠完美」和「不夠圓滿」呢？
- 每當你覺得自己的能力或表現有所不足時，你是不是在有意無意中，以批評或攻擊的姿態來對待自己？

確實，面對自己的自卑，任何人都不免感到難以接納，不願意面對。

你是否有過這樣的經驗，當你和他人在對話或互動時，落入不愉快的情境，甚至在過程中感受到自己的不夠好，而這未必是別人加諸在自己身上的，有時可能是自己在潛意識裡已經放低了自己，批判了自己，卻沒意識到是自己為自己套上了批判，而將這樣的念頭投射在對方身上，認為是「對方先攻擊、貶低、批判」了自己。

那是一個夏日週末夜晚，我在人聲鼎沸的咖啡廳和一群朋友聊得正起勁，完全沒注意到錯過了九通孩子的來電。等我發現並回撥時，卻陷入漫長的「對方通話中」狀態——我猜想，是孩子找不到我，改打電話給出差的爸爸吧！

等待了二十多分鐘後，電話終於撥通了，電話那頭傳來女兒憂傷疲憊的聲音：「媽媽，你什麼時候回來？我剛剛洗完澡了……為什麼你都不接電話……」

女兒無助的聲音，讓身為母親的我不僅心疼，更有著深深的愧疚，我連忙跟她道歉，細細安撫她的情緒。對她說，媽媽在離家走路不到十分鐘的咖啡廳內，立刻要回去了。所幸，電話中聽起來孩子的情緒還算穩定；她也告訴我，已經跟爸爸聯繫上了，爸爸說會再傳訊息給我。

在一路小跑步奔回家的路上，我依稀記得當時心情的忐忑。那種忐忑，除了擔心孩子的狀況，還浮現一股焦慮的情緒，那個焦慮好似在對我說：「晚上九點半還沒回家，先生會怎麼說？」甚至，心中隱約有一絲害怕，擔憂自己會被質疑——是個「失格母親」？

此刻的我，其實什麼訊息都沒收到，卻早已在不知不覺中陷入防備姿態，開始在心中為自己「辯護」，沙盤推演著晚一點接到先生的電話時，若真的被先生這樣質疑，我要怎麼替自己據理力爭，捍衛自己是個「夠格的媽媽」。

這樣的想法才浮現不久，果然就收到先生傳來的訊息：「妹妹說她身體有點不舒服，你回去再幫她看看。我叫她先不要吃糖，多喝水，她洗完澡了，開了冷氣看書中。」

疑？就這樣？沒有問我跑去哪裡了？這則訊息裡竟然沒有任何責怪我的意思，但我腦中的敏感電波還在吱吱作響。

「我剛剛沒有聽到電話，我在回去的路上了。」我這樣回覆了他，持續想為自己做解釋。

整串訊息一來一回地分享了孩子的狀況，也談到接下來的處理，但僅止於此。於是，我有些意外，也相當困惑，怎麼我擔憂的小劇場完全沒有上演？不是要演變成你一言我一語的互相爭吵，互相指責……怎麼這樣災難性的後果完全沒有發生？靜下心、平了氣，仔細回顧先生和我來往的訊息裡，顯然他只聚焦在「孩子的現況」，完全沒有指責我任何不是。

當我進一步仔細思索，先生本來就是個性格溫和平順的人，相處了二十年的我不會不知道這點，而他此次的反應並非特例。一直以來，他總是如此淡然，不會有太多情緒性評價。然而，即使平時對他的行事風格與處事態度清楚明瞭，當下我的第一直覺反應，還是擔心他會對我有所責怪，因此也先「預備」了自己的防備。

當我有機會自我梳理和覺察，問問自己：內心那些煩憂擔心的災難小劇場究竟是怎麼來的？我突然意識到，自己並非不相信先生，先生也從未覺得我是不夠好、無法信賴的母親。說到底，這件事徹頭徹尾都是我內心的自卑與脆弱在作祟；是我批評了自己！指責了自己！

或許我無意識中深埋的那根自卑的刺，刺激了「只要身為媽媽的我沒照顧好孩子，我就是沒有價值的人」這樣的念頭。

自小到大，我就是個極度在意他人眼光的人。如同阿德勒說的：「人的最終目標，即是在群體裡找到歸屬與自我重要性。」我渴望被接納又過度擔心他人對我的排斥，於是當我生活裡有任何一丁點「瑕疵」，都會感到不舒服，擔心自己無法被接納。

在自卑裡承受不適

看過台劇《華燈初上》嗎？這齣電視劇以幾位女性之間的相處為主軸，探討她們在檯面上相互扶持，背地裡卻暗潮洶湧較勁的故事。劇中，蘇媽媽與蘿絲是自小就認識的姊妹淘，在成長過程中遇到不少挑戰與困境，都是靠著彼此的陪伴與扶持度過難關。兩人的關係中，蘿絲是那個主動且積極的人。面對蘇媽媽的困苦，蘿絲總毫不猶豫地伸手幫助，每每在最關鍵的時候，成為最能為她擋風遮雨的人，甚至還收養了蘇媽媽的非婚生子，並將她的孩子視如己出。

然而，面對蘿絲一次又一次的幫助和給予，蘇媽媽在心底留下的並非感激，而是日漸堆疊的厭惡感。對蘇媽媽來說，自己一直都是那個被迫「接受幫助」的弱勢。施與受之間，她認為身為「接受者」的自己，是被貶低的，被看不起的。因此，對於好友給予的幫助與關懷，無法敞開心胸接納，心裡也不斷出現厭惡的吶喊：「為什麼要施捨我？為什麼要用你的好，來強調我爛？」直到最後，這樣的厭惡，轉為無盡的憎恨，傷人傷己。

蘇媽媽為何如此憎恨著從沒傷害過她的蘿絲？這樣的憎恨，或許是對不夠完美的自己無法接納的反撲。

當人的自卑感受強大到無法消化時，生命掙扎的力道不只會吞噬自己，也會轉向他人猛烈撲去；而這樣的力道若自己看不清，就容易投射在他人身上。說穿了，是自己看不起自己，不是他人看不起我們；是自己覺得自己卑劣，不是他人鄙視我們。就像前面提到我與先生對話的經驗，他從頭到尾沒有責怪我一句，但最苛責我的人，是自己。

面對自卑，我們要練習的，是如何使自己變得「完整」，而非追求「完美」。能在自卑裡承受適度的不舒服，是一種勇氣的展現；而擁有接納自我不完美的勇氣，更是自愛、自重，是自己對自己的疼惜，也是對自己的信賴。當我們接納了自己的不完美，接納了自己真實的樣貌，就不會把力氣耗費在自我對抗與攻擊之上，也才能朝著更自我滿意的人生勇敢邁進。

翻轉自卑，成為更好的自己

你的自卑是什麼？它可能是心中的痛，也可以是驅使你進步的絕佳動力。允許也接納自己的自卑，不是故步自封，不再進步；相反地，明白自己與生俱來的不完美，會激發自然的奮鬥本能——只要這個力道對自己和他人沒有傷害，就是剛好的存在，可以帶領我們往更好的方向前進。

現在開始，請以正向的眼光看待自卑。直視這個名為「自卑」的禮物，會發現，在不知不覺中，「自卑」竟然把自己推得更堅強、更勇敢、也更強大，甚至因為它，我們成為了獨一無二的自己。

那些「痛點」，是推動前進的力量

阿德勒相信，**人生所有的「動力」與「能量」，其實都是因為我們**

渴望抵擋、翻轉、克服自己的自卑感受。現在，你可以細細盤點自己的過往經歷，是否也有些隱隱不舒服的「痛點」？那些痛點，是否也是驅使你自小到大進步的能量？

「不滿意」使你更強大

前面曾提到，我最大的自卑，是對自己外型的不滿意，因此，我從小到大都為這一雙瞇瞇眼而努力著——眼睛雖然小，卻沒阻止過我想被看見、被認同的渴望。

為了能在人群中得到被「注目」的機會，我努力練就了一項技能——很會「逗人開心」。在小學一年級時，一個偶然的機會下，我發現原來說笑話能逗得大家開心。於是，我刻意背誦了校刊上的幾則笑話；即使過了三十多年，校刊上那些笑話的版面位置和內容仍歷歷在目。

往後，在成長過程中我持續感受到，即使自己在外型上不會「被看見」，但當我言之有物，適度地抖一抖歡樂的笑料，為大家帶來娛樂，我還是會被看見、被重視的。因此，「逗他人開心」、「努力令人感到愉快」，成了我幾十年來與人互動的慣性姿態，這樣的特質漸漸植入我的生命風格裡。

對外型的不滿意，促使我轉向內在豐盈的追求。當年無意識下的形塑，造就了我如今有能力四處奔波演講、授課。我大量閱讀、書寫，在工作上不斷進修，強化自己的專長與內在，努力讓自己不僅有專業上的素養，也要能講得出接地氣的語言，讓每一位聽眾在我的分享裡，即使談不上收穫滿滿，至少也要笑著離開。即使這樣的追求與補償一開始不見得是正向的理由，卻不可否認，它確實是我內在成長的重要動力。

我有一位來自單親家庭的朋友，他自小就格外容易感受到別人的異樣眼光；在那個社會還不甚開放的年代，單親家庭是一種「瑕疵」的象徵。於是他努力力爭上游，讓自己出類拔萃，不論在職場或人際關係裡都游刃有餘，備受大家的喜愛。

我和這位朋友來自不同的背景，但相同的是，我們都因著心中隱隱的痛，驅使我們追求更好的自己。

正向補償，翻轉自我的助力

阿德勒稱這種因應自卑感而產生的反應為「補償反應」。補償，為我們帶來改變；換言之，補償沒有不好，如果運用得當，它就是人們絕佳的進步催化劑。

想想過去幾年，因為疫情的肆虐，我們展開了近三年的遠距生活模式——這也是因人體脆弱而發展出的對應形式，但我們依然有與人靠近、渴望人際連結的需求。因此，人們在極短的時間內學會了遠距工作上課、遠端視訊的技能，以克服這些困境。若時間往前推移，我們肯定無法相信今天會如此習慣且熟練視訊上課、雲端工作模式。

有人說，因為一場疫情，視訊會議的相關科技在三年之間形成了大躍進，至少縮短了十年以上期程，這正是人類因自卑而偉大的實力——這就是一種正向補償的形式。

在面對各種困境時，有勇氣的人越能產生彈性，也越能正向補償——阿德勒心理學者稱這個過程是：從「少」到「多」（from Minus to Plus）的心靈動作。放眼世上，有許多真實的案例反映了個體因為生理上匱乏，而激盪出不同面向的能量與才華。例如：澳洲知名作家與演說家尼克·胡哲（Nick Vujicic）、美國真人版的奇蹟男孩麥克·古德曼（Michael Goodman）醫生，類似的故事不勝枚舉。

當然，我們不一定是在生理上有缺陷，才促成自己進步、賦予內在動力。別忘了，只要是人，就必定經歷「自卑」的感受，而這意味著，人的存在就是一種時時刻刻往「變得更好」的路途上邁進。對我來說，這正是生而為人的可貴——因為自卑感，反倒促成了幸福感的實踐。

過度補償，忽略真正的自卑

我常用一個例子來描述所謂正向的克服自卑、負向的自卑情結與優越情結的差異。

想像一個身高不高的人，他希望自己可以在身材上「高人一等」。正向，且不帶有傷害的克服自卑，可能是穿上高跟鞋、使用鞋墊，或找個高處站著，去感受自己。而卡在自卑情結裡，可能會變得退縮、不敢出門，甚至避開任何與他人互動的經驗，以避免站起來總是矮人一截的難堪。至於優越情結的人，不一定是改變自身的位置，而是透過各種管道或方式，去打壓別人，讓身旁的人都得蹲下或屈身，矮自己一截，就為了不讓別人看起來比他高。

看到其中的差異了嗎？優越情結，很多時候是忽略自己真正的自卑是什麼，而用一種過度自我感覺良好的狀態來看；因為沒有機會去看到真實內在的不足，而用一種過度補償的狀態來麻痺自己，誇張自我。其實，**過度補償的人，因為不夠相信自己，也不夠珍惜自己，所以會放大自己的自卑，如同在心中設下束縛，成為枷鎖。**

環顧一下我們生活周遭，在工作上、在人際互動中，甚至在親密關係裡，有沒有發現這樣狀態的人（其實不少）。這些人在自己的專業領域上確實有一定的地位，因為受到人們的景仰、敬佩，在生活中自然備受禮遇，大家也以他們的需求和價值觀為中心。時間一久，他們似乎「習以為常」了，彷彿自己看到的世界，就是真的世界；他們認定的做法，就是基礎準則；而自己獲得的照顧，也是理所當然。那正是他們的安全堡壘——補償自卑感的來源，只要自己持續被人敬重著、推崇著，就會令他們感到安全，也放心。他們心裡認為「被服務」、「被呵護」、「被崇拜」才是正確的。其實，這是他們帶著濾鏡看出去的世界啊！

自卑的枷鎖，無法道歉的人

過度補償必然帶來人際關係中的干擾；因過度補償而被枷鎖綑綁的人，現實生活中歷歷可見，譬如說，「無法道歉」這件事。

你有沒有遇過不願道歉的人？這裡指的不是無法反省、不知悔改、做不到同理的人，而是那些明明知道自己錯了，但「對不起」三個字就像卡在喉嚨裡的刺，吞不下去，又吐不出來，怎麼樣都無法直接面對自己所犯的過錯。

確實，道歉不見得是容易的事，特別是，越親密的關係之間，「對不起」三個字就越難說出口。因為當我們親口說出道歉時，是一種「脆弱」的表現，更逼得我們不得不去冒險，直視自卑。「道歉」的時候，人至少會遇到兩道自卑的關卡，即是：**「接納自己的能力」與「相信他人的能力」**。

人非聖賢，必然會有犯錯的時候，但面對要道歉的時刻，心裡知道是一回事，親口承認、直視瑕疵，又是另一回事——一旦道歉，就得撥開偽裝，那樣地赤裸與難堪，自己都覺得刺眼。那種自我罪咎太磨人，於是，不道歉彷彿是為自己的體面留下最後防線，粉飾自己的不完美，形成過度補償。

承認錯誤的另一種冒險是，得承受道歉後依然無法獲得原諒的可能。有些人在潛意識裡對人我關係抱著極度的不安，於是更害怕承認錯誤後，自己在關係中的地位將不再安全。擔心著：道歉後，對方還會不會接納自己？會不會繼續相信自己？如此想來，自然無法在關係中冒險。換言之，這些恐懼綑綁了潛意識，使得人們即便真的知道自己錯了，但更害怕承認錯誤後依然得不到原諒，將使自己陷入更深的懊惱和難堪。於是，這一道又一道的枷鎖，讓道歉這件事難上加難。

由此可見，唯有內在夠穩定的人，才有能力打從心裡道歉。他們擁有剛剛好的自卑，也擁有克服自卑的勇氣，知道自己不是完美的，但不用刻意貶抑自己來乞求原諒，更不須過度彰顯自己來粉飾不足。

自我覺察，看懂自身的限制

阿德勒心理學相信，人處於世間，在價值上都是平等的，沒有誰真的比誰偉大，當然也沒有誰比誰卑下、渺小。如果這世上有那麼一兩個人因為我們而獲得了幫助，變得不同，那也是剛好彼此給了對方這樣的機會，讓我們有能力提供自己的「已知」，產生貢獻而已，並不是因為我們比誰厲害，又或是誰比較差勁。

那些過度自我膨脹的人、無法低下頭來承認錯誤的人、期待他人繞著自己世界轉的人，其實都是很危險的。他們忽略了自身的自卑，也疏忽了自己的補償，當他還有舞台時，他就會用扭曲的眼光，要求他人配合做出不符合實際狀況的演出；而當他的舞台被拆解，例如不再被推崇了，不再被討論了，不再被服務了，這些人就找不到和世界互動的準則，甚至無法好好真實地看待自己。一旦拔掉了他的濾鏡，即使那才是真實世界的樣貌，他也會以為世界變形、崩塌了，接著草木皆兵，四處攻擊他人。最終，對別人，對自己，都是傷。因此，練習「客觀真實」地看見自己，時時自省覺察，是避免我們落入過度與不恰當補償的重要作為。

要避免產生優越情結，「自我覺察」是至關重要的事。春秋時代，孔子向老子請益，問「禮」，老子說：「去子之驕氣與多欲，態色與淫志，是皆無益於子之身。吾所以告子，若是而已。」或許已經闡釋了這個道理，當一個人背著太多驕傲和欲望，承載過多的志向和負累後，是很危險的狀態——會讓人看不見自我限制的真實性。從阿德勒的角度來看，就是因應自卑後的連鎖反應。因此，要看懂自己的限制，接納自卑，與其安在，是身心安適的基本。

自卑帶來補償，交織出生命風格

「自卑」的表現形式有千萬種，每個人因為感受到自身的劣勢，所以會按照自己的生活樣式，用自己獨特的創意，呈現出自卑的樣貌與風格。所以每一種補償，都是「個人創造力」（Creative Power）；這種無形的創意力量，不是單指我們在藝術、文學裡那種形式上的創意，而是我們**生命裡的創造能量**。

舉例來說，一位來自重男輕女家庭的女性朋友，為了爭取自己在家中的地位，努力在工作中求表現，不僅改善家中經濟環境，也為自己爭取到不能被忽視的價值——那是種創意，是正向補償。

而每當她聽見父母讚賞在工作表現上比自己差上許多的哥哥，她就像是被撩起無名火，覺得自己又被小看了，氣得跳腳，大動肝火，引發與原生家庭一而再再而三的衝突。她的怒氣和為自己叫屈，雖然也是種創意，卻是負向創意，一種在關係裡無用的補償。

補償現象普遍存在於生活之中。不論正向或負向，這些補償心境，串起了每個人內在無意識下的人格表現與行為規範（阿德勒稱為「生命風格」，參閱第四章）；而人際生活，不外乎就是許多人的自卑感受與補償行為彼此交錯。當我們理解了這點，就能明白，世上沒有絕對的惡人與壞人，也沒有絕對的對與錯，只有生命風格交錯時所引發的助力與阻力罷了。

沒辦法的天生，有方法的人生

許多人總以為自己的進步或改變是被迫的、不得不為之，認為自己是生命輪盤的被動者，生命的方向盤並不握在自己手裡。別的不說，光是我們天生的遺傳、氣質，以及後天的環境、教育、家庭等，都是干擾我們進步的重要關鍵。

事實上，阿德勒從不否認天生基因或後天環境對人類的影響力；生活中確實有許多客觀的條件與限制是我們無法更動的，而這些並不會侷限我們對應的姿態。

阿德勒心理學相信「軟性決定論」（Soft Determination）。阿德勒說：「別忘了一個重要的事實：決定性的因素，既不是遺傳，也不是環境。兩者都只提供一種框架與影響，真正重要的是，一個人如何運用其個人獨特風格與創造力來回應。」

但若說「人定勝天」絕對能「勝天」，也未免太傲慢自大。所謂「人定勝天」，並不是我們要翻轉天地，違背常理，而是在原本的侷限下，我們可以如何調整自己的心態和行動來適應。

理解自己的可控與不可控

幫助自己調整心態，以便進一步採取不同做法的方式有許多，其中一個關鍵是，學習在各種生活經驗中區分出「可控」和「不可控」的因素。

每個人都會面臨各種限制和挑戰，但即使在這些存在著限制的環境中，我們仍然有機會展現出彈性和創造力。當我們把注意力放在自己可以掌握的部分時，往往能擁有更多的力量和掌控感。舉例來說，原本計畫和家人開心出遊的日子，卻遇上了突如其來的大雨。這時的不可控因素是「天氣」，但我們仍然可以控制出發的時間、地點和執行的活動；同時，我們也可以重新定義「有趣」。例如：在陽光明媚的草地上奔跑是有趣的，而穿上雨衣、雨鞋，在安全空地上玩水遊戲，也能帶來不同的樂趣。

在面對困境時，我們可以專注於自己能掌控的方面，例如我們的反應、態度和行為。藉此，我們可以培養出心理韌性和應對能力，並找到解決問題的有效途徑。例如，當遇到挑戰時，我們可以問自己：「在這種情況下，我能做些什麼？」、「我可以如何調整我的態度和思維模式來應對這個挑戰？」

同時，我們也能學會接受那些無法控制的因素，並以更積極的態度來應對它們。這包括接受自己的侷限性和不完美，並尋找在這些限制下仍然能發揮影響力的方法。藉此，我們可以培養出更強大的內在力量，並發現，在任何情況下都能找到成長和學習的機會。

帶著勇氣，修補生命的不完整

讀到這裡，你或許會浮現一個念頭：「這本書上寫的我都知道，但當我心理上還沒做好準備，我就是做不到啊！」確實，人無法在情緒沒有抒發完全之前，就立刻做到轉念。

前幾年，網路上流傳著一段對阿德勒心理學很大的謬誤言論，宣稱「憂鬱的人不該看阿德勒！」說這段話的人認為，總是提倡「正向翻轉的阿德勒」好像帶著濃濃的教化意味，告訴人們要為自己的憂鬱負責。就像上面提到的那段話，也可能讓你覺得：難道做不到轉念，都是我的責任嗎？因而覺得阿德勒心理學會讓人越看越挫折，覺得一切都是自己的錯。但，這真是天大的誤會啊！

人總有個慣性，當卡在自己過往的傷痛或憂傷狀態動彈不得時，就希望有人能為我們的情緒負責。說到底，人在困境時，不會沒有任何努力就高舉白旗。因此，找到生命中傷害我們的元兇，揪出令我們疼痛的罪魁禍首，是再自然不過的事。

除此之外，遇到不舒服的事情時，需要合理化當下的痛苦，也是大腦的慣性。這往往讓我們以為，只要找出痛苦的根源，正在經歷的苦痛或許就得以解決。然而，真能每次都如此嗎？

我喜歡阿德勒心理學，因為它教導我，面對困境不只是找出元兇就好。很多時候，找出原因確實有所幫助，因為能使我們「理解」現況，可以帶來情緒的紓解，也能產生適度的鬆動。然而，更多時候，我們只停在理解是不夠的；理解現況之餘，我們更需要的是「翻轉」現況。所以，阿德勒並非告訴人們「自卑與憂傷是自己的錯！」而是說，「你無法改變來時路，但你依然有機會再度掌握生命的方向盤，讓自己有不同的結果。」

我們能為自己做的，是去想想帶著不完整生命（有自卑感受），接下來可以如何？有時我們透過諮商討論，有時我們藉由閱讀、書寫，不論是哪一種，都是在緩慢而堅定的歷程裡，層層剝開自身的思維，更清晰地看見自己的內在想法。而這需要大量的勇氣——**願意讓自己暴露在某種「脆弱」感受下，去面對與承受的勇氣**。很喜歡阿德勒的這句話：「勇氣，是除了追尋幸福的勇氣外，還有面對悲傷的勇氣。」

要做到這一點，未必是件容易的事。所以當我們憂傷、難過時，需要的是接納與陪伴，是整理也允許自己當下的狀況。

請記得，在憂傷與自卑中為自己負責——不是為過去的自己負責，而是為未來的自己負責。也請相信，**每個人都有能力改變「出口」**。更重要的是，沒辦法那麼快做到也沒關係，因為那意味著我們還沒準備好。所以，慢慢來就好！

Chapter 3

用恰好的溫柔接住自己

——接納你和他的自卑

「隨心而行，但別忘了帶理智同行。」

——阿德勒

情緒因自卑而促發，我們因情緒而行動。
騰出收納自我情緒的空間，
才能更客觀地思考究竟發生了什麼。
關於我們自己，不論好與壞，都是完整的自己。

找到安頓自我的方式

要讓自己能好好生活，為自己的生命找到安適之所，我們得先學會辨識自己的自卑來源：了解自己的痛點是什麼？知道哪些事情刺激了痛點？也明白自己被踩到後的反應為何？才能讓自己保持在相對客觀的狀態，身心皆安穩。希望透過這個篇章，讓你產生對自己的接納與連結，減少自我攻擊，成為能自我療癒的個體。

療癒自己&同理他人

人的自卑感表現總是各式各樣，克服自卑的重點在於不抗拒、不逃避——因為自卑感無須根除，也無法根除，唯有鼓起勇氣與能量去面對自卑，才能與它好好共處。

有些人透過刻意競爭、打壓他人來掩飾自己的自卑，卻因此在關係中造成了傷害。當然，也有些人透過打壓自己、貶抑自己，或是忽略自己內在的真實聲音來逃避自卑，如此，會造成過度壓抑後的反撲——越是逃避，反撲的攻擊力道越大。

跨越自卑的歷程不會是舒服的，卻是我們可以承受的。當你接納自己真心的渴望，用恰好的溫柔接住自己，就能舒緩自卑感積累在心中的不適。

干擾情緒，看見自己的自卑

在撰寫這篇文章的同時，網路上傳來一則令人傷痛也遺憾的新聞。影片中的高中生在教室裡情緒失控，不知什麼原因，正瘋狂地以肢體攻擊代課老師。這樣的畫面流出後，在網路上不停地瘋傳，也引來許多撻伐的聲音。

首先，我想說的是「暴力」與「攻擊」的確不對，不論如何，任何人都沒有權力對另一人造成身心或財產上的傷害。不過，在此我想討論的不是影片中的主角，而是在網路上圍觀、轉傳、跟著一起撻伐並展開言語攻擊的人們。究竟，他們怎麼了？為何在同一則「學生攻擊老師」的影片中，有人看見「學生的無理和老師的尊嚴被踐踏」，也有人看見的是「老師的傲慢和學生的忍無可忍」，出現了兩種截然不同的論斷。接著，抱持不同定見與想法的網民們在網路上掀起了口水戰，堅持自己看見的才是真正的事實……

當然，任何社會事件的發生，每個人都有表達看法的權利，但我更好奇的是「發生了什麼樣的事情」，促使這麼多不相干的人們帶著高張力的情緒來表達自己，甚至彼此攻擊，斷定事情的絕對性。

從這個事件裡，我看到的是，這則影片中必然勾起人們心中最不舒服的騷動吧！有人被挑起的是對教室應該安全的渴望，有人是對教學（專業）應該被尊重的需求，有人是對學生應該被無條件接納包容的期待，因為這些渴望、需求、期待沒有被滿足，讓每個看著影片的人，內心的自卑感被撩動了。這樣的撩動本是生命常態，但反覆撩動、反覆積累的情緒，很容易使我們過度敏感，身心失衡，難以安頓自我。

這類令人義憤填膺的網路新聞不少，而我們也不可能百分之百明白事件的真實性，畢竟我們不是當事人，無法得知他們各自經歷了什麼。過往經驗形塑著我們的認知，依此認定了「正義」該有的樣貌；換言之，我們口中的正義，只是自以為的正義罷了。然而，每個人堅持自己看見的才是真實的，也堅持著自己心中的唯一正義，如此，將使我們的社會難以友善溝通並互相包容。

換個角度來看，這些跟自己沒有關聯的事件，可以成為認識自己的入口——因為它對自己的情緒產生了干擾。你可以問問自己：

- 我怎麼了？
- 我為什麼會有這種感受？
- 我的反應和他人有不同之處嗎？
- 這些差異是什麼？
- 過去的我是不是也有類似的委屈，使我只能同理某一人，而不願意了解另一人的為難？

- 如果有機會，現在的我該如何更進一步理解事情的全貌？

釐清了這些部分，可從中找到自己的自卑點，以理解自己的內在發生了什麼，能使我們更貼近自己，梳理情緒，一次次「拆解也跨越」人生的地雷，往更完整的自己邁去。

理解重要他人的自卑

生活中，圍繞在我們身邊的，不會只是路人或社群上那些不認識的人，還有許多對我們而言重要的他人。當我們面對這些自己在意的人，可能更容易被他們撩起自己的自卑，當然，也容易刺激他們的自卑。因此，了解自己的自卑之餘，試著去理解他人的自卑也十分重要。

當我們與身邊重要他人的關係越緊密，像是伴侶、親子、手足、朋友等，往往越容易一不留神就「踩雷」。越是面對自己在意的對象，就越容易產生憐惜的情緒，或對他們抱有期待。憐惜和期待會讓我們不小心就過度介入，任由自己的自卑去操弄行為；抑或認定，既然我們是這麼熟悉的關係，對方應該會原諒自己、理解自己吧？但事實上，從阿德勒的觀點來看，**越是親密的人，我們越要保持足夠的覺知，注意彼此內心最脆弱的那顆地雷**。

這樣的認知，能避免我們落入原本無意造成傷害，卻具有嚴重破壞性的爭執情況。曾端真教授在《解密自卑》一書裡也這樣提到：「夫妻的相處之道，是不要刻意去踩對方的自卑。」這真是很有智慧的提醒，讓我們在關係中，成為能同理、包容與接納的人。

減少負荷，不過度解讀自卑

自卑感——那些生命的不滿足之處，永遠都在，無須根除，也不可能根除。而我們可以做的是，去預防自卑感被引爆後的威力，讓自己在被刺激之後，依然保有穩定的身心狀態，不過度干擾自己，也不傷害他人。

我們總以為勾起自卑的「主觀真相」只有一個，但其實各種可能都有，要如何詮釋對方的意圖，這個主控權就在自己。每個人心中都有自己認定的真實；名偵探柯南所說的，也只是他心中的定見。我們都不是當事人，換言之，我們都在他人的故事中，感覺自己的「故事」，這就是「知覺的主觀性」——人總依照自己的慣性來解讀感知。

知覺具有心理功能，資訊穿過知覺並通過濾鏡所留下來的，就是主觀。那麼，慣性是怎麼來的？由過往的經驗，加上過濾後積累的解讀形塑而來。所以感受是真的，事件是真的，只是在每個人的感知中，被放大的區塊不同而已。

再延伸來說，當生活中發生了令我們不舒服的事情，我們可以做的，是去接納自己，而不是批判自己，以阻止不安的感受被無限擴張或繼續失控。我們可以問問自己：

- 我的感覺，是否在我無意識下無限擴張了？
- 如果是，那我持續放大這樣的感受，對我有什麼幫助？

- 對於他人的意圖，有沒有別種詮釋的可能性？

我們能做的，是去判定與這個人的關係，是否值得花上更多力氣去深入？那些不太熟悉，甚至生活毫不相關的人，面對他的自卑，我們未必要全然認同，至少，先試著尊重並同理就好。畢竟同理不代表同意，理解每個人都有屬於自己未完成的功課，就能放過自己，不把他人的課題當作自己的責任，也不需要為這些無關緊要的他人而過度承擔。

人生的氣力有限，有時我們真得有足夠的現實感，去明白，自己沒有足夠的力氣改變每個作繭自縛的靈魂。該放生的時候，就放生吧！畢竟生命短暫，照顧別人之前，還是得先照顧好自己。

釋放情緒，卸下心理重擔

在生活中，我們唯有對自己夠了解，對自己的行為和想法隨時覺察，對於浮現的情緒細緻呵護，當內心感到「自卑」時，才能完整度過情緒歷程，讓每一次的不適與傷痛都得到恰當的釋放。

覺察自己的情感，溫柔接納

我們對於接納自己的情緒，向來感到陌生，畢竟在成長的過程中、在過去的生活裡，很少有人能如此溫柔地接住我們，對我們說：「沒關係！可以的！有不舒服的感覺都是正常的。」再者，我們的父母或身邊的大人也習慣避開各種負面的情緒，因此，總會努力阻止孩子的眼淚，以為止住了眼淚，就像是阻擋了他們的自卑，殊不知，那只是讓彼此暫時安心罷了。

長大的過程，我們內化了這樣的信念，以為只要不哭就好了，卻忽略停止哭泣之後，痛苦不是不見了，而是被吞進去了。我們跟著父母一起對自己產生了誤會，視傷痛、脆弱、痛苦為洪水猛獸，忘了那些都是生而為人本該有的真實感受。漸漸地，我們切斷對自己情感的覺察，也失去對自己溫柔呵護的耐性。

德瑞克斯在《社會平等》一書裡提到：「克服偏見（自卑）的前

提，是要先能覺察到我們的偏頗，再來有意願去重新省視那些原本用來堆砌偏見的真相。」意思是，唯有先覺察到自己對自己有偏見，接著真實接納一切後，才可能拋開原本僵固的偏見，鬆動僵局，展現新的自我，並踏上和解的旅程。

探索幽暗中的自己

自卑，總在最幽暗的地方，最清楚顯現；然而，要在黑暗中看清自己，卻也更加困難。接納並允許自己擁有自卑，是必然與常態。在向內自我探索的旅程，有時就像展開一趟自我專屬的解謎之旅，也像打開自我專屬的神祕寶盒一般，當我們緩慢而穩定地聆聽自我深處的幽暗，對自己真實接納而不責備，在溫柔中接住自己，一如解開神祕的推理故事一般，雖是挑戰，卻也能帶來某種自我欣賞的療癒動力。

這個歷程，要做到一邊不安，又一邊穩定地貼近自己的幽暗世界，絕非容易之事——它得花上許多力氣，也得有足夠的勇氣。但我總相信，重要的事，必然是耗神費力。認識自己的自卑，就是如此重要也絕對有意義的事。

分享自己多年前的一個經驗。

我是個很容易頭痛的人，自小就這樣；而且每次一發作，視力模糊、耳鳴、鼻塞全都來，讓我幾乎什麼事情都做不了，不僅嚴重干擾生活作息，工作效率也大打折扣，因此，頭痛藥成了我的隨身備藥，然而，雖是必備卻不是必有用。所以只要頭痛襲來，我必定得經歷身心俱疲的無能無力感。

某一日，在家中整理家務的我，正開心地計畫著，等家務完成後，下午要帶孩子外出散步，一來慰勞自己的辛勞，二來要好好享受和孩子親密的午後時光。但腦中電光一閃，我的頭痛又無預警地發作了起來；在劇烈疼痛的情況下，別說是打掃了，我連站起來走動，或抱小孩都覺得困難。這麼一來，我只能躺在沙發上，任由孩子在一旁玩耍，深感心有餘而力不足。

身體不聽使喚，令我挫折（甚至氣憤）無比。我惱怒身體的背叛，只能帶著對自己的厭惡感，躺在沙發上閉眼休息（也無法入睡），專心地等著頭痛「退散」。當下的我又氣又惱，想到因為頭痛就什麼都做不了，眼看著家裡一團亂，就對自己產生了更大的憤怒，甚至開始抱怨為何老天爺給我一個這麼差勁的身體？只要一頭痛，就成了廢人……我抱怨著拖到一半的地板何時變得這麼大？洗衣機的聲音怎麼那麼吵雜……我感受著什麼都不能做的困境，當下看什麼都不順眼。我持續抗拒著正在頭痛的身體；身體不舒服，也導致心情越來越差。

就這樣不知躺了多久，突然一個念頭閃過，如果我的「頭痛」是既定的事實，那麼，我除了在沙發上抱怨與抗拒之外，是否「真的」什麼都不能做呢？我確實無法起身大動作地完成事情，但，我可以帶著「頭痛」的狀態，完成哪些事務呢？

我想到，或許我可以回到床上把那些已經洗好、預備要摺疊的衣服摺好。當我坐在床上，我可以用最小的力氣，完成只需要手部就能處理的動作。突然間，我放鬆了許多。雖說依然頭痛劇烈，但當我「允許也接納了」自己頭痛的現象，好像也獲得了某種自由——不再因為糟糕的身體狀態而責備自己，甚至埋怨生活種種。

德瑞克斯說：「對自己不滿意的人，就會陷入一種危險的狀態。」倘若總想藉由「控制」自己來達到對自己的滿意，就會陷入無限的不滿意循環——畢竟生命歷程中不可能每件事情都是可控的。例如，我無法控制自己「何時可以頭痛，何時不可以頭痛」。然而，當我接納了自己的不完美，接納了我的計畫（效率）確實受干擾了，反而萌生新的能量與因應策略來面對眼前的變化。

不對等的情緒反應，是自卑過了頭

自卑會帶來不舒服的感受，但那些不適感多半是我們可以承受的，是合理的程度。不過，一旦這些令人不適的情緒、感受沒有被仔細聆聽、細細梳理，累積過久後，就會加劇成為自卑感受，形成生命的真實阻礙，甚至轉化成所謂的「自卑情結」和「優越情結」。如此一來，巨大的情緒反應很容易反噬，造成過度且難以承受的行為後果。

情緒是行動的燃料

「情緒的另一面是自卑感或不足感，這迫使其承擔者鼓起所有力量，以採取比平常更劇烈的行動。」——阿德勒當我們從阿德勒心理學的角度來看人性，理解人們之所以產生各種情緒，多半是因為心中勾起了自卑。阿德勒認為，情緒的另一面是自卑感或不足感，而我們所採取的行動，也都因為這些情緒而起。換句話說，情緒是人們行動的燃料；唯獨，不同人會有不同程度的反應。

情緒地雷爆炸了！自卑干擾行動

二〇二三年，「茶碗蒸」一詞躍上了台灣媒體版面的關鍵詞。根據新聞報導，有兩個在壽司店用餐的陌生人，只因為一句「我看你長得很像茶碗蒸啊！」就在店門口互毆械鬥。這則新聞格外引人注意，因為對我們來說，「長得像茶碗蒸」並不一定是令人感到羞辱的描述；顯然，新聞中主角的反應正是典型「自卑感干擾」的例子。（茶碗蒸其實也很無辜啊！）

二〇二二年奧斯卡金像獎頒獎典禮上，出現了一幕全世界都愕然的真實畫面，因為主持人克里斯・洛克（Chris Rock）對著台下患有罕見疾病的潔達・蘋姬・史密斯（Jada Pinkett Smith）的外型大開玩笑，讓潔達的丈夫威爾・史密斯（Will Smith）怒不可抑地衝上台，出手就是一拳。就這樣，全世界都看見了威爾・史密斯出手捍衛妻子的那一幕*。

究竟，是什麼勾起了他心中的那個地雷，令他不惜冒著風險，毫不考慮後果就衝動行事？

有不少人認為，被打的克里斯・洛克活該，他不該拿別人的隱私當作無聊的幽默，踩人地雷就是不對；威爾・史密斯出手捍衛自己的妻子，堅持自己的底線是對的。但另一派人認為「出手就是不應該」，人的情緒可以有各種表達方式，但出手傷人，跟那些對他人脣齒相譏的人一樣，都不夠成熟。我們在此無意討論這件事的對錯，

*二〇二三年十月，潔達在節目中證實，自己與威爾・史密斯已分居多年。

而是要思考：為何對某些人來說是可以好好溝通、不須大動肝火的事，對另一些人來說，卻是完全不可觸碰的地雷與死線？

甚至，知名的日本動畫《名偵探柯南》裡，也常常有這樣的殺人犯，他們總被人形容是「鼻屎般的動機，汪洋般的殺意」，那種一旦被激怒，就停止不了的情緒失控，在生活中，也是屢見不鮮。這些失控的情緒背後，究竟是什麼樣的心理機制？

我在過往的演講和著作中，曾分享這個例子。

多年前的某一日，我在外工作演講忙了一天，匆匆趕回家之後，在廚房裡忙得不可開交。理想上，我要求自己必須準時六點開飯的期待顯然是做不到了，但還是努力想著越早越好。大概在六點半左右，原本在房間裡寫作業的兒子蹓躂進廚房，順口問了一句：「晚餐還沒好喔?!」

他表面上一句無傷大雅的問句，卻讓我當下情緒直接炸開！我又怒又氣地對著孩子吼：「你沒注意到媽媽五點半才趕回家嗎？只會問晚餐怎麼還沒好，怎麼不會來幫忙？」

不對等的情緒，往往是自卑感過了頭。而每個人的生命都刻畫著自己未曾注意過的隱形的自卑；自卑也反映著我們內心底層的渴望與目標。

對我來說，我的底層渴望就是「**價值感**」，我總是格外在意自己是否有「做好、做到」我的身分、角色該完成的事情；「**無用感**」就是我努力想避免，極度討厭的自卑點——這是我生命中長期自我努力調整和消化的功課。有了這樣的認知，我持續花了很多時間來覺察、探索、整理，如今，我較不容易受他人的無心之語影響，而擔心人們對我的價值產生懷疑。

情緒超越理智——自卑被撩動了

「情緒」與「自卑」的關聯，我們說是自卑刺激、啟動了過度的情緒反應。當一件事情發生後，觸碰了潛意識裡我們未曾注意到的自卑刺激，接著引發一連串的「情緒反應」；當這個被啟動的情緒反應是不對等、不合理的，就可以推測此人的「自卑感受」不只被撩動了，還被加劇了感受的重量。

當威爾・史密斯感受到太太被羞辱時，他瞬間覺得猶如自己正受到侵犯，自然會感到很生氣（也應該生氣）；不過，氣到忽略現場和螢幕前有上萬上億雙眼睛正盯著他看，也忘記自己身處在一個重要的正式場合，上台「出手就是一個巴掌」，這正是不對等的情緒反應。至於我，因為兒子的一句無心問句而開始生氣，忽略那只是孩子出於好奇或困惑的提問，而做出不適宜的反應，這也是一種自卑情結的撩動。

生活裡，總是充滿挑戰的；然而，在面對挑戰的過程，我們無法每一次都完整地理解這些經驗。我們如果對自己不夠理解，也不夠接納，就會讓自卑情緒一而再再而三的積壓，最終產生高度敏感的反應。這些「高張力、被擴張過後的情緒反應」未必只有暴怒、發火而已，其他強烈的負面情緒，像是憂傷、焦慮，都可能是自卑情結的形式。

每個人都會有情緒，也應該有情緒，但我們該學習如何與自己的情緒共處，而不是任其失控，讓情緒成為情結，那就不好了。

練習「改寫情緒」反應

情緒是需要被理解與整理的，這個歷程，稱為「情緒調節」。情緒調節的學習是一個歷程性的練習，自然不會一次到位。往往我們的情緒失控正是從小事件引發情緒積累，直到情緒塞滿了，才會造成嚴重失控。因此，情緒需要疏通，在生活中遇到引發「不舒服」感覺的事件時，都可以跟自己對話：問問自己怎麼了？是什麼勾起了我的不舒服？了解觸發情緒的引爆點，並學會接納自己的情緒之後，才能進行下一個重要的步驟：改寫情緒反應迴路。

正向提問，反思如何行動

阿德勒心理學在處理行為改變時，不談「責備」與「懲罰」，而是談「後果」，提倡用「真實經歷後果」來催化下一次的改變。唯有親身經驗過並反覆練習，才能真正「學到」。純說教（命令）或責備，或許可以讓大腦知道，卻未必能讓身體做到。

面對自己的各種情緒經驗，我們當然需要先同理這些感覺，接住情緒，也明白自己的感覺是可以存在的，之後，再引發行為調整。（意指心理狀態被接住了，行為也會甘願去試試。）我們可以透過「正向提問」的方式，將焦點放在「下次可以怎麼辦？」

正向提問的步驟，可借用近來非常推廣的「反思」（Reflective Thinking）形式來提問：

- What？**發生什麼事**：具體的事件與前因後果是什麼？
- So, What？**然後呢**：了解事情原委，也思考原本的做法帶來了什麼正負面的影響？
- Now What？**那接下來呢**：了解事情的原委，可以讓自己的感受與想法被理解、被接納；接著，針對這次的經驗開始反思，要留下優點又能改善缺點的話，下次可以怎麼做？

經過反覆的練習，一次又一次的爬梳情緒，再一次又一次的練習改寫行動，我們不只可以鬆動過度反應的慣性，也能在每次遇到的事件中，讓情緒找到不同出口，藉以改變慣有的無效情緒，使情緒的消化歷程更為完整。這個過程需要反覆練習，最終才得以成功改寫大腦迴路；要求自己一次到位或許是自我為難，但不開始，就永遠沒有機會。畢竟人會覺得困難，是因為不夠熟悉的緣故；相信一次次的練習，總有精熟的時刻。

照顧自己，接住受傷的情緒

受到他人刺激，使我們崩潰、難堪，雖不是我們的過錯，但我們有責任照顧自己。如同阿德勒在百年前提醒的：「別讓自己成為情緒的玩物。」被人激怒、羞辱，當然可以生氣，但氣過之後，我們必然有不同的選擇。

我非常理解威爾・史密斯在獲獎後的致詞所說的：「愛，會使一個人做出瘋狂的事。」為了愛，我們可能會做出自己無法理解的行動；但我也相信「愛會使人堅強」，為了所愛的人，不輕易讓自己和在乎的人落入衝動行為下的傷害，是我們因為愛而甘心做的努力。

從暴怒到動手之間，有沒有別的可能？我相信答案一定是有的。當受傷的情緒被接住了、被同理了，自然可能有新的行動！

挫折能使人勇敢，而愛會令人堅強。為了愛，讓自己學會克服自卑，超越自己的課題，成為更能與人共好的人，是我們可以共同努力的方向。

接納自卑，改變從這裡開始

你可能會發現，許多心靈療癒書籍都鼓勵「自我覺察」，並且強調：我們都得接納允許內在的脆弱，這樣才是讓自己獲得幸福的關鍵——當我們理解，這是允許自己不完美，是一種停止自我攻擊的開端，便會明白這樣的闡述是有道理的。

接納不完美，善待自己

這幾年流行「愛自己」一詞；所謂愛自己，就是從接納原本且真實的自己開始。如實地對待自己，不以外在他人定義上的好壞來看待自己，並接納自己與生俱來的自卑感受，是對自己最基本的擁護，也是給自己的特有溫柔。

重度日劇成癮的我，平時很習慣在網路上閱讀各種劇評，對於很多殿堂等級的劇評者，一直是又妒又羨。某日，恰好讀到一篇很厲害的文章，不知怎麼的，有別於以往單純「羨慕／嫉妒」的心情，心中莫名浮上一股非常濃厚的憂傷，甚至酸楚到想落淚的感覺……

讀到文筆比自己好的文章，因為自慚形穢而挫折，這本是件稀鬆平常的事，任何人都可能有類似感觸，但我卻難過到想哭，甚至跟朋友說「我有點想封筆了」。（這就是不對等的情緒反應。）

說實話，當時的我也被自己這樣強烈的情緒反應嚇到了——畢竟讀到好文章而自嘆不如的挫折雖然有過，但「挫折到不想寫了?!」這就不像我了。問問自己怎麼了？我發現心底那個「失格感」的自卑反應被撩動了。閱讀一般的劇評不會讓失格感來敲門，但如果遇到我「真心想要鑽研的主題」，就馬上落入「我寫戲劇相關的心理分析就是乏人問津，我在這領域的努力無法被認可」的自怨自艾。

這個自我對話，讓我看懂了自己只是「挫折到想逃跑」，只是渴望被認同，而不是真心想放棄。相知多年的朋友，跟我有足夠的默契，她沒責備我妄自菲薄，也沒笑我反應過度，只是「溫和輕柔」地提醒：「別人寫這類文章就像『空拍機』範圍很大、景物很多，所以豐富，但未必清晰。妳的文章就像是『單眼相機』，聚焦在妳想呈現的畫面，雖然不豐富，但卻精闢，更能清楚呈現出本質的美好！」

她用恰恰好的重量鼓勵我，將焦點放在我的亮點上，也不詆毀別人的價值。透過不比較、不評價，引導我走回自己渴望的方向——我就是我，無須比較；而聚焦在自己的可為之處，是幫自己看見自我價值。不一會兒功夫，友人就疏通了我當下堵塞的情緒。這位朋友與我的關係穩定，我相信她對我說的一切；這樣的鼓勵，是恰恰好的陪伴。

知道自己擁有自卑，是為了重新省視自己的自卑，擁抱並接納它的存在。然後，我們或許會發現，自己從未真實且公平地對待過自己。

人們總有個迷思，認為接納與認同了自己現在的「不好」，就是一種自我放縱，一種放棄與不求上進的表現。但，真是如此嗎？我們可以有接納不完美的勇氣，也可以有追求更好的想望，這兩者一點都不相衝突。如實地接納自己的一切，好或不好，都是真實且完整的。老子《道德經》裡這樣寫：「知不知，上；不知知，病。夫唯病病，是以不病；聖人不病，以其病病，是以不病。」意思是：知道自己有限與不足，是件好事；無法知道自己的限制，那就危險了。唯有正視自己的限制與缺失並加以改進，才能免除缺失。聖人之所以沒有缺失，就是因為他正視自己的缺失並加以改進，才能做到沒有缺失。

因為接納了，允許了，理解了，翻轉和改變的力量才有機會緩緩展開。

阿德勒心理學小教室・實踐應用篇

改變思維的「蘇格拉底式提問」

阿德勒在進行個案諮詢時，常使用一種稱為「蘇格拉底式提問法」的正向提問方式，來協助個案探索其生活目標、價值觀和行為模式，並激發其個人成長與改變。這種提問方式著重於引導對話者自我反思和探索，促使其發現自身的信念、價值觀和假設。通常，蘇格拉底式提問並非直接給出答案，而是透過提出開放性問題來引導對話，強調對話者的自我發現和自我成長的重要性，並鼓勵其思考和挑戰自己的想法。除了在諮詢或教練時適用外，這種提問方式同樣適用於個人內在遇到困境時，可用來進行自我提問和反思。

在「神經語言程式學」（NLP）中也有類似的「後設語法提問」，其概念與蘇格拉底式提問相似。透過這樣的自我提問方式，我們可以擴展、具象化和還原更貼近真實的狀態，幫助自己擴展視野，並找到更多有效的可能資源來協助自我改變和轉化思維。

關於人生的困境僵局，我利用以下的範例來進行自我提問：

◎解構「一般化」的提問（Generalization）

透過對自己的提問，將腦中的思維，對過度概括的情況進行分解和分析，幫助我們聚焦於具體情況，也可以從概念中抽出具體細節，避免以偏概全。可以問自己：

- 我是不是無意中將一個小挫折看作整體的失敗？這種情緒是否過於以偏概全？被我過度類化了？
- 我能不能找到這次挫折中的具體原因，並將它視為一次學習的機會，而不是將它推廣為整體的失敗？

例如：

當青春期的孩子拒絕跟我出門，我第一個反應是：孩子不需要我了、他們不重視親子時光、我是個失敗的媽媽……在這種情況下，我可以進行以下自我提問：

- 我是不是過度將孩子的行為，解讀為對我個人的拒絕？他們有沒有可能因為其他原因而不想出門，比如學業壓力、需要個人獨處時間，或有其他安排？
- 孩子拒絕出門的行為，真的意味他們不重視與我共度的時光嗎？還是我心中有自己的不安和期望，而放大延伸所做的解讀？

- 我有沒有其他方式來表達對孩子的關愛和支持，不必完全依賴外出活動？有哪些創新的方式，可以讓我們在家也能共享愉快的時光？

◎擴張「刪減」的自我提問（Deletion）

透過擴張「刪減」的自我提問，把注意力轉向發現那些被忽略或未被表達的思維、情感或事實，幫助我們恢復被遺漏的信息，並提供一個更接近原貌與整體的理解，也協助自己獲得更深入的覺察，避免過於簡化的認知。可以問自己：

- 我是不是遺漏了情境中的某些正面或具有挑戰性的部分？
- 我是否同時看到這次挫折中的一些正面意義或機會？有沒有可以讓我從中獲得成長的部分？

例如：

當在工作上遇到同事或主管對我提案的內容有疑惑時，我直覺出現「這個人就是質疑我的能力」這樣的念頭時，可以問自己：

- 我是不是疏忽了對方所提出的觀點確實也具有建設性？
- 我是否同時看見對方給我的其他肯定或正面回饋？

而我可以做的，是去發現對方對我所提出的意見，也可以是種助力，能協助我調整後續的內容與規畫。然後，我可以重新檢視所有同事的反應，找到其中的正面元素和建議，以平衡我的觀點。

◎還原「扭曲」的自我提問（Distortion）

透過還原「扭曲」的自我提問，我們可以對自己的思維做出挑戰。這種方法促使我們檢視並質疑那些可能導致我們誤解情況或人物假設，乃至先入為主的想法，也幫助我們辨識和糾正在無意識裡，被自己誇大或扭曲事實的認知，進而達到更客觀和真實的自我理解。可以問自己：

- 我的想法和情緒是否被過度扭曲？這種看法是否真實？
- 我可以從更客觀的角度看待這個情境嗎？有沒有其他可能的解釋？

例如：

在工作上，當我看見別人做出比我更好的成績時，我感到自己的自信受到打擊，有所瓦解。可以問自己：

- 我把他人的成就直接和自己的價值對比，從而感到不足與自卑，這種比較是否公正？別人好，就代表我不好嗎？

- 我能否把他人的成就視為激勵自己的一個機會，而非威脅到自己的證明？
- 我能不能更客觀地評估自己的價值標準？我是否無意中只依靠工作表現來定義自我價值？
- 我能否對自己更寬容，並找到激勵自己進步的契機，而非僅以他人的表現來衡量自己？
- 當發現這是被自己過度扭曲的思維，我可以找出自己真正在意的是什麼。接下來，我可以將這次的反應視為一個成長的機會，然後，開始思考如何轉化自己未來的工作態度，以強化對自己的接納。

藉由以上這樣的自我提問，我們可以從更平衡且具建設性的角度，處理生活中的事件及其引發的反應，同時挑戰可能導致情緒低落的負面思維。透過反思，我們也可能鬆脫自己的自卑束縛，找到改進的方向；更可能提高自信心，強化改變的動力。

當然，要有足夠的理智，讓大腦靜下來好好與自己對話，適度的情緒表達與宣洩是非常重要的。畢竟，接納並溫柔對待自己的情緒，是讓心靈得到真正平靜的前提。只有在理解自己的情緒後，自我提問才能發揮最大的效用。

Part 2

譜出自己的生命風格

你是獨一無二的人生編劇家

生命風格，是人生藍圖，
當你對自己的生命風格有更具體的認識與掌握，
就更有機會避開性格所帶來的局限，
也能更完整地預備自己，發展出不同的因應策略。
有效地運用生命風格，與他人平等合作地完成生命任務，
不僅幫助我們解決許多煩惱，也帶來更完整的成長和身心安適。

Chapter 4

我們都走在自己的「生命風格」上

——人生經歷與生活軌跡交織的旅程

世上沒有完全相同的兩個人，
我們都是自我生命的專屬編劇家。
理解自己的「生命風格」，
讓我們找到靠近自我內心的入口，
也明白世上每種性格都是獨特且富有創意的。

生命風格，是克服自卑的藍圖

「自卑感會刺激人們有所作為與行動，結果是讓人有目標。個體心理學很早就將這種朝向目標的一致性行動稱為『生命藍圖』，但這個名詞有時會造成學生的誤解，所以現在叫做『生命風格』。」——阿德勒

要談阿德勒心理學對人性的認識，就不能不談談他對「生命風格」（Style of Life）的洞見。在前面篇章裡，我們已經理解從阿德勒心理學的角度看來，我們對於「克服自卑」的努力，串起了生命裡的主軸。阿德勒認為，每個人的生命風格是從年幼時就逐漸形塑出來的。自小開始，**我們面對生命困境時所採取的姿態，將構成自己的「生命風格」**。

生命風格標示著生命態度

透過阿德勒的眼光來理解人們的生命風格，你會發現，這世上的人們精彩又有趣，就像隨著四季展現不同景色變化的植物園一樣，永遠有驚喜等著你去發現。

在我澳洲母校的校園內，有片藍花楹樹林。每到春天，成串的藍花楹在樹上炸裂盛開，整個校園化成一片紫藍色花海，與藍天相襯，形成夢幻美景，吸引許多校外人士入校園踩點拍照。

但說來奇妙，明明是差不多時期種下相同品種的樹，當你仔細觀察，卻會發現每棵藍花楹都有各自的風貌：有的根部特別隆起，行人路過時一不留意，就容易被絆倒；有的枝幹特別活潑，往馬路車多的方向伸展而去，猶如向馬路探索的羽翼，然而過低的枝幹，常造成行車視野干擾，影響安全；當然，也有一些樹木自律而沉靜，在開枝散葉的過程中，只保持在自己的成長軌道上，既不干擾他人，也不受外界干擾。這些相同的樹卻擁有各自獨特的風格，反映著它們在成長路上遇到的各種經歷。

身而為人，我們也像藍花楹一般，每棵樹都有不同的生長姿態，一如每個人都有自己獨特的生命風格——這是一種對世界與人群的態度；雖然在同一片土地上生長，風格卻因各種經歷而迥異。

阿德勒心理學正是用此概念來看待人們，稱之為「生命風格」。當我們面對新環境、挑戰時，所採取的姿態是積極面對或消極以待，是主動或被動，行動力高或低……都是自己獨有的創意（不論正向或負向），這就是我們人生中的獨特腳本，是我們的「生命風格」。

從兒時記憶，窺見生命風格

要認識生命風格，有一個小小的練習：請試著回想一段自己兒時的記憶——最好是當時一個畫面清晰的記憶。

- 你會想起什麼時候？當時你幾歲？
- 當時的地點、周邊的人事物，有哪些細節可以描繪得出來？

- 這個記憶的事件，是什麼？
- 如果當時身旁有人，你們有什麼對話和互動？
- 在這個記憶裡，你會如何詮釋或看待那個年幼的自己？（你可能會用哪些形容詞）
- 在這個記憶裡，你會如何詮釋、描繪他人？（你可能會用哪些形容詞）
- 在這個記憶裡，你浮現了何種清晰的情緒和感受？是可怕的？是幸福的？是開心的？還是有趣的？（描繪情緒的形容詞）
- 在這個事件裡，你採取了哪些行動或動作？你是主動的？還是被動的？（動詞）
- 最後，這個記憶的事件裡，結局是什麼？

依據你剛剛想到的兒時記憶，跟你最近生命裡所經歷的事件，是否有相似之處？或有某些一致性？從以上練習來說，你可能會發現自己的個性與生命特質，在早年回憶裡已可窺探一二。

生命風格不同於人格特質

或許，有人會把「生命風格」跟一般認知的「人格特質」一詞畫上等號，但阿德勒心理學將「生命風格」定義得更加廣泛，含括我們在各個層面的表現。

阿德勒認為，所謂「生命風格」始終存於我們的生命裡，它不是一種可輕易改變的東西，而是像我們的運動系統，支撐著我們整個個體的形態。在人生的旅程中，生命風格承載也反映著我們每一個步伐、每一個選擇、每一個記憶、每一種情緒，以及我們的信念。因此，它是支撐著我們生命核心的主要軸線，彷彿生活裡的隱形腳本一般。

「生命風格」的概念或許有些抽象，但它絕非虛無飄渺。這不同於人格特質，更像是一個內在的劇本和藍圖，標記著我們對生命的態度。而我們往往會在人與人相處時，更容易觀察到一個人的「生命風格」。

阿德勒心理學小教室

在《認識人性》一書裡，我們會發現英譯本常使用的「生命風格」一詞，若從德文（原文）來看，會被翻譯成「生命軸線」。阿德勒最初使用德文Lebenslinie一詞，在中文可譯作「生命線」，象徵著一個人的人生經歷或軌跡，也比喻一個人的生活軌跡或重要經歷。即使慣用「生命風格」一詞，我也喜歡生命軸線的意境，因為這個風格不是人們可輕易改變的，在整體人生路上的運動軌跡，如同骨架和肌肉支撐著我們的形態，影響著我們踏出的每個步伐。

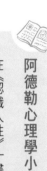

克服自卑：三種干擾性生命風格

阿德勒在提出生命風格的概念時，強調每個人的生命風格都是獨特且唯一的，所以千萬不要加以分門別類。話雖如此，倘若我們想快速且容易理解人性，在不一概而論的前提下，倒是可適度使用概念工具來區分不同的生命風格類型。這樣做的目的，是為了幫助我們更深入理解人與人之間的相似性，從而增進彼此理解的效率，也避免我們在與人互動時，因彼此不夠理解而產生的困擾。

不過，我們還是得謹記，世上每一個人都是獨有且特別的，就像指紋一樣，沒有兩個人的生命風格是完全相同的。但不論是哪一種，人們在自己獨有的生命風格中所展現的共同目標，都是想獲得心目中「優越」的樣貌，追求內心的完整。畢竟，「人在世上，最終的渴望，就是在人群中感受到歸屬感與重要性。」循著這樣的脈絡而下，人們為了追求自己的「歸屬感」與「重要性」（克服自卑），就會激發出各種具有創意的追求路徑了。

人們生命中所有的動作、想法、感受，幾乎都因應自卑而生；認識自己在「克服自卑」路途上的努力，不只使我們更珍惜自己、接納自己，也獲得理解他人的彈性。

在百年前，阿德勒大致歸納出人們為了克服自卑而經常出現的三種干擾性生命風格，分別為：討取者／倚靠者、逃避者、支配者。

討取者／倚靠者（Getting Type）

他們大多時候對人際關係是敏感的，往往透過依賴別人，或索取別人對他們的幫助，來獲得內心的安全感，以確保自己有歸屬感。當他們感受到壓力時，也可能會出現身心疾病的狀況，如恐懼症、強迫症、一般焦慮、歇斯底里、健忘等狀況。

逃避者（Avoiding Type）

對於失敗的感覺厭惡極了；無法成功的恐懼，令他們極度想逃跑。因此，心中所想的最能避免失敗的方式，就是以「不冒險的方式」來追尋，這可能包括錯失真正成功的機會。對多數逃避者來說，不成功就等於失敗；當成功的定義刻畫得太過狹隘，要讓他們踏出舒適圈面對挑戰，自然比其他人困難得多。面對與他人的互動，他們可能將自己從社交場合中封閉起來，這樣一來，就不會落入擔心失敗或被拒絕的風險。

支配者（Rulling Type）

為了在人群中確保自己的地位是安穩的，並且在有組織與秩序的環境裡確保自己的價值，他們很容易透過追求權力、操縱他人的意願、操控情勢來達成目的。有時，我們可在一些反社會性人格身上看見他們的樣子。

說到這裡，我們不免心生疑惑：上面提到的三種風格，看似都有嚴重的社會適應不良問題，也未必是我們每天都會遇到的人。確實，從眼科醫師起家、漸漸轉向對精神科學感興趣的阿德勒，他早期的治療對象，都是身心功能極度失調的病人，也是因高度自卑情結而受苦的人，一般來說，生活中並不常遇到如此極端的狀況。雖說情況有所不同，但不變的是，當人們受到自卑感受的干擾時，自然而然都會出現自己獨有的思維與反應——阿德勒稱為「私有邏輯」，而這些私有邏輯，就串起每個人獨特的生命風格。

認識四種生命風格，你是哪一種？

延續著阿德勒對生命風格的看法，以色列籍的阿德勒心理學者妮拉・凱弗（Nira Kefir）在一九八一年提出了**「主軸性格」**（Priority Personality）的概念。她的理論強調**每個人都有一個主導其行為和決策的核心性格特徵，這些特徵形成了個人的基本優先準則，並在人們的生活中表現出來。**這個理論延續阿德勒的精神，反映著人們在克服自卑感、追求優越時，會以不同的主題來補償自己。

在往下探討之前，再次提醒，所有的生命風格都反映著人們在主觀上想追求不同存在意義的方式與態度，因此沒有優劣之分。有些人，我們在相處上覺得格外自在，僅是因為彼此契合度較高罷了；而有些人，在互動時會令我們倍感壓力，則是因為人與人之間的行事風格與其環境的「適配性」不同。所謂適配性（Goodness of fit，又譯為「合適度」），由心理學家亞歷山大・托馬斯（Alexander Thomas）和斯特拉・切斯（Stella Chess）提出，描述個體特質（如性格、氣質）與環境需求之間的匹配程度。這個概念強調，個體的成功和幸福感，很大程度上取決於他們與周圍環境的匹配程度，而不僅僅依賴個體本身的特質或能力。雖然此概念最初針對兒童發展，但其原理同樣適用於成人在不同生活情境中的適應和表現。

如果我們用這個概念來理解生命風格與主軸性格，就會明白，為何相同的個性特質在不同的環境裡會有不同的火花與樣貌，這都取決於適配性的不同。比方說，在工作環境中，一個性格內向但細心的人，可能在需要大量社交互動的職位上感到壓力重重，但在需要專注和精細工作的職位上卻表現出色；又或者，一個在朋友之間總願意伸出援手、不隨意拒絕的好好先生，在成為父親後，可能會因為過度遷就孩子而難以維持教養的底線，導致家庭教育中的種種挑戰。

為了避免大家在閱讀時，因為名詞標籤過於負面而陷入過度主觀的評價，除了使用原始的類型名稱之外，另以兩種不同的詞彙，延伸說明這四種性格在平衡與不平衡下可能的樣態。

四種常見的生命風格

生命風格	平衡樣態	不平衡樣態	特性
取悅型（Pleasing）	親切友善	依賴討好	這類型的人重視人際關係，渴望被他人接受和喜愛。他們會努力避免衝突，通常非常關注他人的需求和感受。這類人善於合作，喜歡在團隊中工作，以和諧為主要目標。
安逸型（Comfort）	安逸溫和	退縮氣餒	這類型的人重視個人的舒適和安全感。他們希望保持穩定平靜，避免壓力和不確定性。這類人通常比較隨和，喜歡簡單和輕鬆的生活方式，並傾向於逃避衝突和壓力。

掌控型（Control）	規畫統整	支配掌控	這類型的人傾向於追求掌控和權力。他們希望掌握情況並影響他人，以確保事情按照自己的方式進行。這類人通常很有決斷力，對秩序和規則有強烈的需求。
卓越型（Superiority）	理想圓滿	過度完美	這類型的人追求卓越和成就，希望在各方面都能表現出色。他們對成功有強烈的渴望，經常設立高目標並全力以赴實現它們。這類人通常非常有競爭力，並不懼怕挑戰和困難。

這裡要特別提醒大家，每個生命的個體都不可一概而論，我們在透過主軸性格理解人的行為時，也別讓自己落入快速分類後的刻板印象，而忽略了人性的獨特性與流動性。好比說，同樣是重視人

際關係的取悅型性格，也可能展現出不同的行動。

相同地，我們也會發現，上面描述的四種狀態都可能出現在我們身上——特別是在因應不同情境與壓力下。所以，風格未必是一成不變的絕對表現，畢竟，人在不同場域、不同身分的切換下，會有不同的行為。

以我為例，當我在工作場域中，我知道自己多半是想追求完美、堅持理想的（卓越型），但當我在生活中面對孩子時，我的規畫掌控性格就很容易浮現（掌控型）。在這兩種不同的情境與樣態下，我知道自己心裡渴望和追求的共同目標，是一種資格感，一種想證明自己身為心理師與母親雙重角色，都要「確實達成我的本分」。

從阿德勒心理學的角度來看，「主軸性格」之所以稱為「主軸」，是因為人們心中所追求的最終目標與渴望從不會改變。所以，即使我們發現這四種樣態都會在我們身上出現，但性格中的主宰軸心，終究是一致的。

①取悅者：親切友善，渴望認同與被愛

身為行動心理師，我的工作量是很不穩定的。在活動多的「旺季」，我每天得早出晚歸，搭高鐵全台走透透，在工作與家庭難以兩全之下，別說為孩子張羅三餐了，有時一走進家門，迎接我的只有孩子們熟睡的臉龐。即便我享受這樣的忙碌，對於沒有陪在孩子身旁這件事，心中還是會浮現愧疚與自責感。因此，我發現自己有一個慣性：當我越忙碌，越自責對孩子的陪伴不夠，就越容易落入想取悅孩子的狀態。

舉例來說，某次，一大早就南下去台南演講的我，在講座結束後，我不是直奔高鐵，而是特地請計程車司機繞道，去外帶了南部限定的名產「丹丹漢堡」，再坐上高鐵返回台北。風塵僕僕回到家中，當孩子一看見我手上拎著「丹丹漢堡提袋」，臉上立刻浮現大大的笑容，同時發出「姆呼呼呼」聲音；那樣單純而美好的樣子，讓我跟著笑了起來，彌補了內心的擔憂——擔心自己是個不夠好的母

親，一種資格匱乏感。當我對自己有足夠的理解，我會明白，這樣的行為背後其實是一種渴望被孩子認同的表現。我藉由那一袋美味的漢堡，滿足了渴望被愛的意圖。

生活中，你是否也見過這樣的朋友，總是格外貼心，總想照顧他人的感覺，遇到事情容易逆來順受，對於他人提出的要求，即使不合理，也難以拒絕。當與人有衝突時，即使心中有不同的意見，也會礙於當下的氣氛，選擇吞下自己的不悅。這樣的行事風格，正反映著內心渴望被愛與認同的訴求。

是善變的變色龍？或貼心的狗兒？

「取悅型」是妮拉．凱弗的主軸性格分類之一。我們觀察到，許多取悅者被形容像是善於察言觀色的變色龍一樣，以確保自己在關係中是安全的。他們在團隊合作中表現出色，善於溝通和協調，能夠理解和滿足他人的需求，促進團隊的和諧與合作，在遇到意見分歧時，也會順應主流的期待，讓自己妥協，甚至犧牲自己的利益以達成共識，避免衝突和不愉快，追求人人開心也滿意的美好狀態。

取悅性格的優勢，是他們很能體察他人的需求，大家對他們的評價往往是很友善的人、擁有很多朋友……正因為他們善於覺察大家的情緒感受，很會照顧他人的需求，因此，總是擁有不錯的人緣。極度重視團隊和家庭的取悅者，願意為了維護這些關係付出努力，常常扮演調解者和支持者的角色。

但身為取悅者，也有很多辛苦的地方。因為取悅性格的慣性，來自需要他人的認同，以至於只有在他人露出微笑——像是在表達認同的表情或眼神時，才會覺得自己是在做對的事情，覺得自己是被大家所接納、認同的。因此，比起像是善於變化的變色龍，他們內心更像是人類的忠實朋友——小狗，他們渴望的不多，只要他人給予友善的微笑和肯定的眼神，藉以確保自己的價值和表現就好。

看得懂臉色，讀得懂空氣

「懂得察言觀色、知所進退」的人，是社會上普遍讚賞的性格，甚至在日文中，會特別稱這樣的能力為「懂得讀空氣*」，藉以形容高度的社交商數。確實，在強調社會和諧性的環境裡，我們更為重視團隊低衝突與和諧度，因此「讀空氣」被視為一種重要的社交技能。這不僅僅涉及語言溝通，還包括要能理解他人的非言語暗示、微妙的表情和其他細微的信號。能夠讀懂空氣，意味著個人能夠適應和回應當前的社交情境，避免造成尷尬或不適當的情況。因此，能「讀空氣」便象徵著人的社交敏感性和適應能力。

然而，並不是每一個取悅性格的人，都能自在「讀空氣」的，有些人是為了確保自己不落入社交邊緣，害怕自己成了他人討厭的對象而不得不如此。

於是，有許多取悅性格的人，大多時候對自己是很嚴格的。在

* 「讀空氣」(読空気，yomu kūki) 是一個源自日本文化的獨特詞語，它的字面意思是「閱讀空氣」。這個詞通常用來形容一個人在社交場合中，能夠敏感地理解、感知並遵從當前的氛圍、情境和其他人的情感狀態。

過度照顧他人感受的慣性下，他們成了不允許擁有「屬於自己的情緒」的人。他們容易壓抑自己的真實情緒，遇到事情逆來順受；即便內心情緒澎湃，也不敢流露真實想法，不接納自己的負面感受，強逼自己取悅並迎合他人。

我在諮商經驗裡看到的是，取悅性格的人，多半是自小就不被允許有各種感覺，（例如：小時候只要一哭鬧，就會被責備，被說：「乖孩子不可以哭」等），因此在長大後，每當感覺自己「怪怪的」，也會習慣性地將那種內在聲音自動消音，自我欺騙，不停地跟自己說：「沒事！沒事！是我想太多了。」或者告訴自己：「不要任性！要做個體貼暖心的人！」殊不知，這兩種想法，都是自己踩自己的界線，忽略內心的真實感受，陷入自我懷疑，也等同讓他人找到機會侵犯自己的界線。

難以畫清界線，一肩扛起責任

一個人難以在人際界線上畫分清楚，就很容易陷入糾結，或將他人喜怒哀樂的情緒包袱扛在身上，過度承擔辛勞。因為取悅型的人，無法容忍「別人」有負面感覺；只要旁人露出：難受、痛苦、挫折、憤怒、傷心……等情緒時，他們便不自覺地跳進這座情緒深坑裡，本能地想化解對方的感覺（或設法讓對方不要有這種感覺）。

在這樣的機制下，過度承擔他人的情緒與需要，導致取悅者有一種變化形——就是「**救贖者**」或「**聖人**」的樣貌。潛意識裡認為自己必須化解他人的情緒，就算不是自己的責任，也有義務努力為他人分憂解勞——說好聽，是「貼心與善解人意」，但事實上，就是沒有「被討厭的勇氣」。因為害怕不被愛、不被認同，於是瘋狂地討好身旁的人，把不屬於自己的情緒攬在身上，冀望能成為這個群體中的聖人。然而，一層一層剝開後發現，取悅者其實是怕自己變成不被需要的「剩人」。

表面上，取悅者的溫柔，是把別人的需求當作自己的需求，面對每個需要幫忙的人，總是奮不顧身；就算已經超過自身能力，還是義無反顧，猶如飛蛾撲火不顧一切，甚至能為對方墜入地獄。但這一切的作為，都反應了取悅者內心的寂寞，以及對愛與被愛的渴望。在關係中「救贖別人犧牲自己」是某些取悅者的終極目標。

無奈為人墜入地獄的奉獻，往往是來自取悅者的自以為是。他們想的，從來不是別人的困境，而是想拯救自己的孤寂。但不計代價的後果，就是一再陷入孤寂，無限循環地如同無間地獄無情地輪迴。越無法看透自己的人，就越感受不到別人的連結，因為被自己的心魔蒙蔽雙眼，忽略真實問題所在。

「情緒勒索」的受害者與加害者

取悅者對自己嚴苛，也在於容易在關係裡落入過度自我責備或懷疑，認為彼此有任何一方感到不愉快，一定是自己出了問題，不然怎麼可能會不高興……再仔細觀察，會發現這樣的性格經常落入情緒勒索的場域裡。其實，並非情緒勒索容易找上他們，而是對討好性格的人來說，善於察言觀色、習慣照顧他人情緒的特質，就像是天生自帶「易被勒索」體質，如果沒有對自己保持一定程度的理解，就很容易一再發生。

有時，他們也會冒出類似「情緒勒索」別人的言論，特別是需要拒絕別人或扮黑臉的時候。例如，取悅型的母親可能會對子女說：「你不要太晚回家，否則你爸爸會說我沒把你教好。」但事實上，對他們來說，用言語操弄子女的行為，令孩子就範，並不是真實的本意，他們只是太害怕在自己設下界線後，就真的被討厭了。因此，只好假借他人的言語或其他藉口，說出自己內心的期待。

過度努力，滿是委屈的內心戲

取悅者有時也會以「受害者」的樣貌登場，因為太在意人際關係中，自己是否被認同與接納，以及過度努力付出後，能否獲得正向回報。

此外，在意他人回應的取悅者，容易把別人的負面表情視為一種「不認同」的標章，他們會忘了將自己與事情分開，例如，別人的拒絕，對他來說就是拒絕他這個人。在這樣的內在機制下，自然容易感覺自己既委屈也受傷，忍不住抱怨，向人討拍，想證明自己依然是被在乎的。（這種狀態的內心戲，往往是「我對你這麼好／努力／認真，你怎麼還會討厭我？」）

允許每個人都是情緒的主人

對取悅性格的人來說，他們須了解的是，人的情緒本來就是自然流動的，每個人都會有自己的情感反應，特別是在意見不合或衝突的時候，有「不舒服」的感覺是再自然不過。例如：某人就算知道自己做錯，被指責時，還是會不舒服，感覺難受，擺臭臉。但取悅性格的人往往會忍不住想：你怎麼會擺臭臉？難道我說得還不夠婉轉嗎？是我自己出了什麼問題嗎？

期待人與人相處時總是流動著歡樂愉快的氛圍，根本是不切實際的期待。不論是正向感受或負向感受，都是人際關係自然的流動。換言之，希望自己或他人不要出現負面情緒，就等同忽略人的情緒自主權。

對取悅型的人而言，要確保自己不會過度自我欺負，一再過度承擔那些不屬於自己的情緒，就得經常提醒自己：**我「允許」自己的感覺，也「允許」他人做自己情緒的主人。**練習把自己和他人的感覺分開來，就能慢慢避免忽略自我，又不小心介入他人的情緒。

溫柔待己，才有餘裕愛別人

說到這裡，我並非強調「取悅」、「討好」或「付出」等行為是錯誤的，對自己喜歡的對象、在意的人，做出令人開心且使人愉悅的事，本就是很美好的事，行為本身並沒有對錯。但如果只透過「取悅」或「討好」，才認為自己有愛人與被愛的能力，那是很危險的——意味著，人認為自己的存在價值都是有條件的。

性格無所謂好壞，我們追求的是一種平衡。善於照顧他人，絕對是良善的本意，但為了照顧他人的感覺，承擔不屬於自己的情緒，那就是疏忽照顧自己，讓自己失衡。

我們允許每個人都能成為「付出」的人，前提是，我們要記得**先**

給自己足夠的認同和愛。給自己的愛不夠，自然也感受不到別人是愛你的；而只靠付出（取悅）來獲得愛的人，就像心裡有個洞，所有進去的愛都從底部流光了，當然感受不到來自心裡的溫暖。因此，要能好好愛別人，就得先把自己心裡的洞填上——自己的洞，靠自己來填。取悅性格的人，總能對人溫柔以待，那麼，也請將這份溫柔給自己，因為當你能如此細緻地呵護自己，給出去的愛，必然更具有力量。

人，總得先把自己照顧好了，才有餘裕照顧他人，不是嗎？

②安逸者：用「距離」畫出安全堡壘

現實社會中，有著安逸性格的人其實不少，他們非常重視生活的穩定性和安全感；他們不喜歡變化和不確定性，傾向選擇熟悉的環境和固定的生活模式。這類人會盡量避免壓力和衝突，偏好和平與和諧的生活。他們會選擇迴避可能引起爭端的情況，並努力保持心境平和。此外，安逸型的人喜歡簡單、輕鬆的生活方式。他們通常不會給自己設立過高的目標或過多的壓力，而是選擇適度的生活節奏，享受日常生活中的小確幸。

從安逸變成畏避的人生舞台

「逃避型的人從逃避而非以解決問題而感到成功，這類人（對於生活）只想袖手旁觀，藉此逃避失敗。」

——摘自《阿德勒個體心理學》

重視生活舒適感的安逸者，會在工作和生活中努力維持自己的舒適區。他們對於新環境、新挑戰，往往表現出一定的抵觸情緒，寧願待在已經熟悉和習慣的地方。

安逸者多半性格溫和，總是努力避免衝突和爭執；對人有高度的包容力，善於傾聽，不強求他人接受自己的觀點。在刻意避免壓力的前提下，安逸者在面臨抉擇時，通常也較為保守，會選擇安全、穩妥的選項，而不是冒險和創新。他們更喜歡依賴過去的經驗和既有的認知來引領自己行動。

因此，安逸者在生活中會遇到的挑戰，就是難以適應變化。安逸性格的人在面對突如其來的變化或重大轉變時，會格外感到困難與不安，也需要較長的時間來適應新情況。於是避免改變、逃避壓力的姿態，就會在生活中一再出現。

安逸者在生活中遇到的另一個限制，是較缺乏進取心。由於太過重視舒適和穩定，安逸者經常被認定缺乏進取心和動力，不願意冒險挑戰自己，從而限制了自身的發展潛力。在極端的狀態下，「安逸溫和」的正向特點，就會成為「退縮逃避」的樣貌。日劇《六秒間的軌跡》就清晰地描繪這樣的姿態。

在《六秒間的軌跡》一劇裡，主角星太郎是一個凡事抗拒改變、拒絕創新、討厭與人溝通更遑論要磨合的中年男子。面對大小事的抉擇，星太郎總習慣先以慣有的負面想法來思考，除非有不得不的理由，否則他絕不任意行動。例如，在疫情期間，明知若要因應世界變化，身為煙火店第二代的他，得開始為「煙火店」創立新的契機，開發新的客源與工作模式。然而，他依然故我，畫地自限地拒絕父親的提案，用各種藉口來合理化自己的不變，以抗衡父親的想變。相較於「在困境中找目標」的父親，兒子星太郎就像是「慣性在目標中找困境」，父子倆面對困境的態度大相逕庭。

「個體心理學認為這類人明顯猶豫不決，缺乏克服困難與勇往直前的信心，對於下一步總是小心翼翼，寧可在原地駐足或頻頻回頭，也不願冒險。」這樣的形容與戲劇裡的星太郎如出一轍，他的優柔寡斷與拒絕改變特質，描繪出他性格的黑邊，讓藏匿在這些表象性格下無法自我決定的不夠勇敢，更加凸顯出來。

無為&無感，一種自我保護

安逸性格的人喜歡用自己熟悉的步伐、可預期的速度，一步一步穩穩地踩在自己確定的道路上。當生活中沒有過大壓力時，他們多半展現出友善、溫柔且沉穩的樣貌；然而，在面對生命的改變或抉擇時，安逸者容易裹足不前，優柔寡斷——他們得找到「足以說服自己的理由」才可能展開行動。

安逸性格的人並非喜歡逃避問題，而是對於獲得成功得付出代價抱著不確定感；不確定自己在努力之後，是否能保有一貫的舒適怡然來因應挑戰。他們往往不喜歡「抉擇」，因為選擇帶來離開舒適區的風險，因此更容易處處合理化自己的「無為」。

對安逸性格的人來說，在面對挑戰或壓力下，他們會給自己足夠的空間與時間來做好準備；一旦心中感到踏實、安全了，才會緩緩用自己的方式去面對挑戰。因此，周遭他人對他們的相信，往往是能鼓勵他們走出自我設限的關鍵。

此外，要去面對他人的情緒變化，對安逸者而言是辛苦的，因為那意味著要承擔關係上的變化風險，在面對人際衝突或紛擾的情境與風險時，他們就更容易像是旁觀者、甚至是隱形第三者——避免有太多自我情感介入，是保護自己免於紛擾的一種方式。

有時候，安逸者畏避的是自己內心的感受，因為不清楚如何處理自己的各種情緒，於是將自己隱藏在「無感」的盔甲裡——沒有感受，是一種自我保護的作為。

攻擊自己，掩飾自卑

還有一種拒絕和真實自我連結的逃避狀態，或許我們不會太陌生。看過我字跡的朋友會發現，我的中文字跡歪斜扭曲，即使我努力依樣畫葫蘆，一筆一畫寫下，字體就是好看不起來。（老實說，是醜到我覺得愧對小學老師那一種！）更經常被先生嘲笑，說簡直是小學生的字。（相信很多小學生的字比我好看！）

即使我現在經常得在自己的書上公開題字，字跡還是毫無變美的跡象。有一次，在新書的簽書會上，有位朋友請我為他寫下幾句話。下筆前，我先自嘲了一番：「哎呀，我的字真的很醜！你大概沒看過有作家的字像我一樣醜的吧?!」

本以為那位朋友會如其他讀者一樣，客氣地笑著說：「哎呀！不會啦！老師的字不算醜。」但他沒有。靜默了幾秒鐘後，讀者朋友帶著微笑對我說：「老師，你好像很習慣先嘲笑自己一番？你為什麼這麼不能接受自己呢？」

這樣的回應，我完全愣住了。我知道那位朋友沒有惡意，他只是很溫和地點出我慣有的壞習慣：面對自己的自卑與脆弱，我選擇在他人發現我的不完美前，搶先自我攻擊一番。

確實，「自我嘲諷與自貶」的情境，很多時候正是我用來逃避改變、逃避自卑的一種對應方式。當別人可能看透我不完美的事實，我搶先一步自嘲一番，降低他人對我期望又失望的風險。

那些在工作上的鍋底躺平族，以及習慣拿著迷因圖自嘲「我就廢」的人……我們都有共同的心境：與其被人發現自己的無作為，不如先自貶一番，因為當我可以拿自己的自卑來自嘲，就像是在別人出手前先往自己的胸口捅上一刀，以為當自己鮮血直流時，就能避開他人更強大猝不及防的攻擊。換言之，用傷害自己的方式，來逃避他人可能施加的更深的傷害。

然而，用逃避來面對風險的人大都忘記了，真正的百毒不侵，不是假裝不在意，而是真實地愛自己也接納自己；因為接納了，就不會過度在意別人怎麼看了。拿自己在乎的點來自我攻擊，是對自己的惡意——以為保護自己，卻忘了疼惜自己。

以癱軟心態，逃避真實人間

另一個看似極度安逸，實則氣餒躲避的典型角色，是日本經典文學《人間失格》裡的主角大庭葉藏。他表面上看似放逐靈魂在「失業」、「女人」、「人際恐懼」之間沉淪，但這樣的毀滅方式，更像是他恐懼接近人群，害怕在其中感受不到自己真實的價值；他恐懼將自己真實的一面打開，將真實的自己坦蕩蕩地攤開在眾人面前；無法允許自己接近他人，倔強地抵抗人性都需要連結的真實渴望，只好將身邊的人都描述成與自己不同的族類：「自小，我完全不懂家人在想什麼、有多麼辛苦，只是我無法忍受彼此間的隔閡，最終我成為耍寶高手。」

阿德勒說：「高度的優越總包夾著深度的自卑。」大庭葉藏每一回在心中對他人（家人、幫傭、同學、師長）的譏諷，都是藉由詆毀他人的言論來抬高內在自尊的基座。他將自己包裝在對人恐懼的情緒中，畏避自己需要投入社會的需求。

隨著年紀增長，大庭葉藏更開始逃避其他生命任務：用「懼學」包裝拒學、用拒絕交友來鞏固心中的自我地位。他身旁的每一個「友人」，沒有任何一人能讓他真心欣賞，也沒有一人讓他願意真實連結。他持續用金錢鞏固友誼，又用「畏懼人群」鞏固留不住友誼的自尊；說自己只能靠「耍寶」來聯繫情誼，又靠恥笑他人低俗來哄抬自己一文不值的驕傲。

阿德勒說：「謊言毫無意義，除非實話同樣令人感到危險。」許多逃避者活在自己築出的謊言窠臼之中，因為「真實」的背後只有殘酷的恐懼。他們一生最大的努力，就是把所有的責任都推給其他人，藉此掩護自己一直以來的怯懦——所謂的無能，只是自己無為的藉口。

太宰治用「人間失格」一詞，表述主角大庭葉藏一生廢懦不羈，「喪失生而為人的資格」。而大庭的角色，彷彿也象徵了逃避者的終極表現，那是一副「我就爛～你能奈我如何？」的極致無賴心態。或許「生而為人，我很抱歉」一句，並非是大庭葉藏由衷的抱歉，而是藉由「道出自己的抱歉」，為自己找另一個不用行動、不想負責的態度之藉口——因為說了抱歉，他就連面對改變，都可以顯得瀟灑，無賴逃避。

不論是《人間失格》的大庭葉藏，或是《六秒間的軌跡》裡的主角星太郎，他們共同的特質，是在面對自己該負責的人生時，都採取了最低的行動力來因應。他們的生活如同一場持續不斷的逃避和畏懼的旅程，在這個旅程中，他們選擇與世界保持距離，透過各種方式來保護自己，卻也因此失去了真正的自由和愛。

接受變化與成長的勇氣

對安逸性格的人來說，最重要的是了解到，生命最大的不變，就是改變；而生命的成長，也來自於我們如何應對這些變化。阿德勒心理學相信，越能在變化中適應的人，越能展現面對生命的勇氣。

生活中保持穩定，為我們帶來可預期性與安全感，但也別忽略那些在生命裡能帶來成長和豐富經歷的機會。

安逸型的人常常覺得，只要生活安穩、和諧，就能避免壓力和不安。然而，生活中的不確定性和挑戰是必然，何況現今社會早已因應科技的發展，瞬息萬變。（想想過去幾年因應疫情的發展，我們的生活習慣遭遇了多大的挑戰與改變？）與其因為害怕變化而逃避，不如試著允許自己感受那些變動帶來的些許不安，並將其視為生命的一部分。當你回首，會發現自己一路以來總是在面對挑戰與壓力，並非無法面對。

我們不可能總是處在舒適區，期待生活平靜無波是不切實際的；而期待自己永遠活在舒適與緩慢之中，則容易放大對壓力的敏感度。對安逸型的人而言，要確保自己能在變化中找到平衡，可以練習提醒自己：**我「允許」自己的不安，並且願意「接受」生活中的變化**。不妨從日常生活中的小變化開始，例如改變飲食習慣或嘗試新的興趣愛好，逐步適應更大的變化，這樣能減少焦慮感。要接納自己當下的不舒服，試著對自己說：**我知道我正在經歷不安，但此刻的不安不會是永恆的。**

此外，設立一些可達成的**小目標**，逐步推動自己走出舒適區，這對於提升自信心和成就感非常有幫助。每達成一個小目標，都能讓人感受到成就感，並逐漸增強應對變化的能力。例如，每週閱讀一本新書或學習一項新技能，都能幫助自己走出舒適區，提升各項能力。

打開對生命的好奇心，能幫助自己接納變化，將「不同」視為「新鮮與學習的機會」，而不是「痛苦與艱辛的過程」。

當然，對舒適感有高度追求的人，也得提醒自己，在面對壓力和變化時，不要孤軍奮鬥，尋求家人、朋友或專業人士的支持和幫助，可以減少孤立感和不安感。和他人分享自己的目標和挑戰，從中獲得鼓勵和建議，都會減少孤寂與無力感。

這裡並非強調追求「穩定」或「安逸」是不對的，追求穩定與和諧的生活固然令人嚮往，但如果我們只在舒適區尋找安全感，那麼，不只會錯過許多成長的機會，更會減少在必要時對「改變」的心理預備。

真正的穩定來自於我們內心的力量，而不是外在環境的恆定。舒適的人生很棒，但如果我們追求的是一種平衡，那會使人更安心。安逸型的人有著和平、穩定的天性，這是非常珍貴的特質，但如果我們過於害怕變化，就會限制自己的發展。

我們認同每個人都能追求安穩的生活，但前提是，**要給自己足夠的勇氣和信任，去面對變化和挑戰**。只有這樣，我們才能在穩定中找到真正的平衡，在變化中長出真實的力量。

③ 掌控者：控制別人，是保衛「脆弱」的表現

十幾年前，一位知名女主持人在離婚後接受採訪時提到，在經歷婚姻的斷裂後，才意識到自己在性格上有令人誤解的部分，她稱之為「強迫性格」。一般來說，我們在臨床上聽到的「強迫症」，是指人無法自制地強迫自己，反覆陷入同樣的行為模式（例如：反覆

洗手、反覆檢查），但這裡講的不同，她所謂的「強迫性格」，是指在關係裡會慣性地強迫他人要依自己認為比較理想的安排去做。

舉例來說，和前夫一起用餐時，她總是為兩人點不同的餐點。她認為點兩份不同的餐，彼此可以分享，能有不同的嘗試，卻忽略前夫未必想吃她指定的餐點。一旦前夫表達不同的意願，她就會感到挫折、甚至生氣，認為自己的決定是最好的，不明白前夫為何糟蹋她的一番好意。時間久了，前夫在關係中越來越感到無奈與不被尊重，兩人的分歧越來越大，彼此心中都有委屈，婚姻自然告終。

做自認正確的事，掌控讓人安心

確實，在生活中也好，與他人互動也好，人們多少都會出現「需要掌控或主導」的需求。從生存的角度來看，人在生活中需要有一定的掌控感與支配度，因為掌控感讓人對未來有預期，降低不確定性帶來的焦慮和恐懼。當我們覺得能預測和控制環境時，我們會感到更安全。在生存環境中，掌控感也能幫助人們更有效地應對各種挑戰和威脅，有利於我們的生存條件。

多數健康且有利於社會的掌控性格者，是非常有責任感的。他們對生活積極，且認真於份內之事，盡自己之力來照顧周遭的人。他們大多像內建了「規矩」的裁判，依循自己的標準，做自認為最正確的事——不只「結果」要依照他們的期待發展，連做事的「方法與過程」也得依他們的規畫，才會感到安全，因此，他們大多被視為「高度控制欲」的一群。

對掌控者來說，非預期的變化會帶來失控感，如此就令他們「更用力」地想確保一切回歸掌控之下。這樣性格的人，在工作和生活中有高度的主動性，積極地追求目標，並努力掌控整個過程。他們希望藉由掌握和管理周遭的一切來確保安全和穩定，因此，掌控型的人在團隊和家庭中往往是很好的領導者或決策者，具有強烈的責任感和行動力。

掌控性格者宏觀、有邏輯，且具有細微的觀察能力，喜歡設立清晰的目標，也會制定詳細的計畫來達成這些目標。他們同時對於細節非常關注，會花大量時間進行規畫和準備，以確保一切井然有序。他們的決策過程通常是基於充分的資訊和深思熟慮，好避免任何意外發生。然而，這些規矩的制定者，也會期待身旁的人要依照他們的期望和規畫來生活和工作。因此，掌控型的人總是不自覺地喜歡指揮別人、掌控別人，無法接受他人不依照自己的「計畫」行動。一旦生活中有任何人事物讓他們感到無法控制，他們產生的情緒反應與張力，甚至可能在關係中帶來強大的破壞力。

掌控者，在控制與失控之間博弈

很多時候，掌控性格者透過「控制」獲得的安全感，是一種自欺欺人的假象。在他們的思維中，多半只有「對」與「錯」——這樣非黑即白的思考模式，既僵化又固執。他們在面對無法掌控的情境或感到壓力過大時，也就容易批評和責怪別人。他們不會放棄改變他人以堅持自己是對的，藉此證明自己有掌握局勢的能力。很自然地，當別人對他們說出「不」這個字時，就成了壓倒他們情緒駱駝的那根稻草。

在意他人評價的掌控者，在遇到與別人意見不同時，多半會堅信「眾人皆醉我獨醒」，覺得自己是對的。所以，對於他人的拒絕（即便拒絕是合理的）不輕易退讓，很容易使人覺得他既固執又難以溝通。

在生活中，我們可能會觀察到那些過度渴求掌控而忽略平衡的人，在遇到不利於自己的情境時，會利用「情緒與權力」作為武器。當他們揮舞這兩把大刀，能帶來巨大的力量。

首先，我們可以想像，因為掌控性格的人，多半具備強大的行動力與生產力，這樣的能力帶來許多優勢，幫助他們比別人更容易獲得權力與金錢等外在誘因，來吸引追隨者（附和者）。在追隨者不違背掌控者的狀況下，大家一片和諧；隨著掌控者擁有的武器越龐大，他們獲得追隨者的青睞與愛戴的機會就越大，也為他們帶來更多吸引力，讓人落入被控制、甚至支配的圈套。

然而，光明的背後即是黑暗，內心越是不安脆弱的掌控者，就越容易陷入權力的詛咒——他們用來控制、支配他人的利器，也會成為自己的枷鎖。原本自以為見識淵博的人，反而可能戴著最狹隘的眼鏡（畢竟擁有高知識和高權力的人，不一定總能擁有洞察人性的智慧）。有句話說「權力腐蝕人心」，意思正是如此。因此，習慣控制他人的人，一旦感覺到自己的「絕對地位」被撼動，感受到自己的「絕對正確」遭受質疑，就很難放過威脅他地位的人，這時，他們內在的情緒火山就會蠢蠢欲動——無論是暴怒或示弱，都可能是他們慣有的反應與作為。

這樣的現象，在網路急速發展、人人倚賴社交媒體的今天更為常見。透過網路快速地積累聲量與人氣，令人感受高度的擁護與愛戴，如果沒有足夠的自覺，很容易被虛假的名聲、數字所蒙蔽。當他們習慣於一呼百應的局面時，更容易將自尊建立在虛擬世界中，失去對現實的清醒認識。這種虛假的安全感，會使他們更加固執地追求掌控，對任何同溫層以外的質疑或意見反應強烈，也更不願意友善對話、聽取他人的建議，在惡性循環下，更進一步地加深那些自我膨脹。網路的即時性和廣泛影響力，放大了這種對「一言堂」的掌控欲，讓他們更加難以應對真實世界中的挑戰和變化。到最後，掌控者的生活就像一場在控制與失控之間的博弈。如果他們無法學會在權力與謙卑、控制與放手之間找到平衡，就很難不受困於自己編織的權力網內。

人，唯有認識到自己的局限，尊重生命中每個人都有其獨立性和自主性，才能真正掌控自己的生活，而不會被虛假的安全感持續欺騙。正如阿德勒所說的，「認識人性有個基本條件：太自負或驕傲是行不通的。因為對人性真正的認識，必須是謙虛自持的。」

情緒：指引內心真正的意圖

情緒，是心的語言，可以帶我們更明白自己內心真實的渴望。阿德勒心理學認為，我們展現出的各種情緒背後，可能藏匿著更深層的意圖；那些我們會在無意識中流露的情緒，可以引領我們找到更多深層的渴望。舉例來說，憂鬱，可以視為我們在絕望裡，對希望的冀盼；焦慮，可能是我們在不確定裡，對安全感的需求；當人們展現出極度的憤怒，很多時候，正象徵著對失控的害怕。

憤怒與攻擊，便是掌控者的一種常見工具。對掌控者來說，他們面對事情失控時，透過「憤怒和咆哮」來回擊，但這些憤怒其實是更多不同情緒交錯組成的——像是焦慮、不安、恐懼、挫折、困惑、甚至報復，最終都可能用「憤怒」的形式來呈現。而不論是什麼，都意味著掌控者渴望奪回主控權，讓生命回到熟悉的規律感。這也是為什麼，我們觀察到許多掌控型的人一旦陷入不安時，會以「極端憤怒」作為其情緒回應，也以「攻擊」作為連帶行動反應。

藉由對他人發動攻擊，他們能維持那種握有主控權的安全感（無論是控制別人或控制環境）。這種行為背後，往往是因為他們無法接受自己失去控制的現實，並感到內心深處的不安全感。一旦我們能看懂他們在盛怒與攻擊下的行為，是用來防備脆弱的方式，就能避免陷入與他們的權力較勁的困境。

例如，我們可能聽過生活中這樣的例子，當一個掌控性格的主管在工作中面對部屬的不同意見時，即使部屬的論點沒有錯，甚至更優於他的論點，在對自己不夠覺察的情況下，他可能會用激烈的言辭或行為來壓制對方，以重申自己的正確性，並維持那種想保有「權威和控制」的感受。然而，這種過度反應，其實源於他對失去領導地位的恐懼和對自我能力的質疑。

相同地，在家庭中，掌控型的父母也可能在面對青春期的孩子時，把孩子長出自我與獨立判斷的行為，視為一種叛逆，進而做出過度反應，試圖透過懲罰或威脅來維持家中的秩序。但事實上，他們的反應更可能是因為害怕失去對家庭生活的掌控。

我們可以提醒自己，當人感到不安、感到自我價值搖搖欲墜時，他們唯一能做的，就是抓住最能保護自己的武器——對他人發動猛烈的攻擊，因為他們無法承受內心深處的脆弱暴露出來的風險，只好使出最後手段作為自我保護。理解這一點，我們就能更適切地應對掌控者的行為，不輕易被他們的攻擊所激怒。

柔弱與眼淚：一場心理戰

憤怒與攻擊，不是控制者在面對失控時的唯一可能反應。有些控制性格者在感覺到高度不安時，反而會以「**哭泣和抱怨**」作為他們的另一種回應方式。這種與「攻擊、憤怒」幾乎相反的形態，阿德勒稱為「水的力量」（Water Power）。阿德勒曾這樣說：「水和抱怨——我稱之為『水的力量』的手段——可以是一種極其有用的武器，用來破壞合作，使他人陷入奴役的境地。」透過哭泣與示弱，這種看似表現出自己最脆弱面的樣子，反而巧妙地強化了自己在關係中的安全感。

掌控者的眼淚，與一般性的情緒宣洩不同。一般性的情緒宣洩，通常是人們在感到悲傷、失望、焦慮或其他強烈情感時，自然會流露出的真實情感反應。這些眼淚是人們釋放壓力、舒緩情緒的一種方式，並且通常不帶有任何操弄或控制他人的隱藏目的。

然而，掌控者的眼淚與一般性的情緒宣洩不同，它們更帶有

「**說服／控制**」的意涵，這是很多掌控者慣用的精巧武器。掌控者利用這些眼淚來達到某種目的，比如贏得同情、讓他人感到內疚，或是讓他人順從自己的意願。這種眼淚能狡猾地破壞合作，將他人置於心理操弄的陰影之下，使得他人更容易受到掌控者的影響和支配。

當善於使用「水的力量」的控制者，以眼淚和抱怨作為武器，我們很難不被他們勾起觸動與不捨的情緒。這樣的掌控者，表面上展現柔弱，實則是一場心理戰，他們巧妙地將自己置於被動中，讓他人不好（也不敢）再觸碰他們的傷口。因為對多數人來說，看見眼前的人飽受摧殘，滿身傷痕，怎麼可能忍心再責備或傷害他們呢？

當他們彰顯著自己的隱忍與軟弱，透過大量淚水來表現自己，背後蘊含著一種無聲的控制權，一種讓人難以反抗的心理壓力。在這樣的情境中，很多人只能默默承受內心的譴責，也不忍心對眼前淚眼婆娑的人造成更深的傷害。

這樣的經驗，在生活中並不少見。我有一位老同學，自認識她開始，就不停地向周遭人抱怨自己人生的委屈與無奈。她總訴說著自己工作上的不順遂，多年來遇不到賞識她的主管和願意幫助她的同事；在原生家庭中，她盡心盡力，成為最好的女兒，卻不被父母和手足認同，總覺得自己是做最多卻最不被理解的那個；在情感關係裡，她也總是遇人不淑，老是遇到欺騙她或不認真看待她情感的對象。這位朋友從學生時期開始，就經常泣訴、抱怨自己多麼無助、無力與孤獨。

隨著時間的推移，我慢慢發現，自己除了當她的「情緒垃圾桶」之外，她並不希望我提供任何建議。即使多年來，在一次又一次的對話交流裡，給予再多的陪伴和支持，依然無法填滿她心中的黑洞。有時，我聽出她話語中的不合理性，或看到她可以調整、為自己建立人際界線之處，試著給她一些不同的看法或意見，但她除了流下更多眼淚，吐出更多抱怨，不會有其他改變。最終，我只能配合她的期待，除了盡力安慰與支持之外，別無他法。

掌控者透過「水的力量」控制他人，常使他們在人際關係的平衡上失準。因此，面對他們，我們自身的覺察更為重要。如果沒有發現掌控者透過眼淚或示弱呈現的心理遊戲，就會在無意識中被掌控。面對這樣的情況，我們可以做的，是提醒自己要設立明確的界限，不任意將生命的主控權交給他人。我們依然可以像關心朋友那樣，對他們保持冷靜並積極傾聽；不過度投入，是保護自己心理健康的重要態度。

無法道歉，只因不願示弱

掌控性格者犯了錯，有時不太容易道歉和承認錯誤。有些極端的控制者，彷彿全身長滿刺似的，用盡一切力量將自己武裝起來。即使你問他們：「身上那麼多刺，不會痛嗎？」我們也不能忽略，這些刺其實是掌控者用來支撐自己的骨頭，是支撐他們多年自尊和自信的骨架，要他們承認錯誤或道歉，就等同逼他們拆掉骨頭。掌控者難以輕易道歉，因為他們將道歉與「地位」畫上等號。他們認定一旦道歉就是示弱，也等於將自己置於最卑下的位置。因為他們太在意自己的控制感，而忽略了，向自己在乎的人真誠道歉或表現脆弱，跟「地位」並沒有直接關係。

對於掌控性格者來說，練習放下自己的武裝，並慢慢釋放出自己的柔軟，是重要功課。畢竟，不論是承認錯誤或同意他人的想法，都不等於絕對示弱，相反地，這是給自己一些喘息的空間，允許自己長出彈性。

生活中並非一切都是絕對二元，即使一張紙切得再薄也有兩面，沒有絕對的對與錯。彼此意見相左的時候，未必是任何一方的錯誤，可能只是看待的角度不同罷了。

學會聆聽他人的聲音，練習用他人的順序與邏輯來行動，也是一種能力的增長。這不等於完全放棄自己或拋開自尊，而是提醒自己，在面對在意的對象與關係時，表現柔軟和放下堅持，反而更顯得成熟和真誠。願意承認自己有修正的空間，願意看見對方的正確性，能為我們帶來更多的尊重和信任。

掌控者功課：在抓緊與放鬆間找到平衡

對掌控者來說，學會在控制和適應之間找到平衡，是一門重要的功課。過度的控制欲，不僅造成人際關係緊張，也讓自己承受高度的壓力和孤立。掌控型的人需要認知到，過度的控制不一定帶來預期的安全感，有時反而徒增壓力和焦慮。我們可以逐步接受生活中的「小小不同」，從而慢慢適應更大的「計畫之外」。這不僅能減少焦慮感，還能提高對變化的適應力。

與家人、朋友或同事分享自己的目標和挑戰，獲得他們的支持和建議，能減輕壓力，也能促進與人的真正連結，使我們更看見自我價值。掌控型的人需要認識到，**真正的安全感來自於內心的穩定，而不是外在環境的完全可控**。

適度的掌控是健康且必要的，但過度的掌控會限制自我成長和人際發展。學會在抓緊與鬆手之間找到平衡，能讓掌控型的人在變化中成長，並在穩定中找到真正的力量。我們都需要追求一定程度的掌控感，但同時，我們也得給自己足夠的彈性來面對不可控之處。接受生活中非操之在我的現實，是重要的功課。唯有這樣，我們才能在生命的變與不變之中，找到掌控的平衡感，並在抓緊與放手之間，感受到自己真正的力量。

④卓越者：在人生賽道上，與自己競賽

過去幾年，我開始上一些商業型教練與領導管理相關課程，陸續認識了許多企業界的朋友。其中有一位T，為我帶來很大的生命震撼。T自行創業，對事業充滿熱情，幾乎沒什麼能難倒她。然而，她並非一開始就如此成功。不是商管科班出身的T，剛開始投身企業時，一路上遇過各式各樣的挑戰和質疑，但奇妙的是，她身上總有一股樂觀與堅定，讓她一次次地轉化危機。她曾對我說，遇到困難對她而言並不是「事情無解」了，只是暫時還沒想到辦法而已。

每次遇到T，總能從她熱切的表情與互動中感受到滿滿的自信。無論是在工作或家庭生活中，她總給我一種無所不能的感覺。她像

是鋼鐵人一樣，有滿滿的電力和衝勁，還有源源不絕的發想和創意。她創立教練學校，輔導過上百間知名企業和機構；她出書，又開線上課程，同時還能兼顧家庭平衡，與女兒感情好到令人羨慕。她為自己設下的標準出奇地高，卻又總說，自己只是在完成分內的事而已。在我眼中，T就像是「完美主義」的代表。

你或許以為T是天生的練武奇才，因為先天條件很好，才會如此成功，但事實並非如此。她在自己的書中這樣寫著：「我不是天才，但可以是地才，每天踏踏實實地刻畫一些足跡和印記，就能為自己創造出屬於自己的體會與精彩。」這句話真實地反映出她的人生態度，永遠在預備自己，不用擔心自己一輩子一個貴人都沒有，只求自己成為自己的貴人。（事實上，「成為自己的貴人」就是她曾送我的一句話。）

說到這裡，或許你已經感受到，T在做人處事上充滿十足的正向影響力。確實，和她相處時，我能感受到她不吝嗇自己的想法，總會大方分享各種成功（與失敗）經驗。她總是自在地在眾人面前展示自己的理念和價值，多次提及在事業上的努力不僅是為了個人的成功，更希望透過自己的努力，對社會產生積極的影響。我在T身上看見的，是滿滿的理想與價值追尋。

T就是典型的卓越性格者。這類特質的人通常對自己有著不可思議的高要求，更對自己的表現有極高的標準。他們會投入大量時間和精力去達到自己的目標，並希望藉由這些成就來證明自己的價值。這種不斷追求卓越的動力，源於他們內心深處對於**理想和意義**的渴望。他們希望藉由自己的努力，能夠實現一些超越個人利益的目標，從而為他人和社會帶來積極的改變。他們在人生的賽道上不停奔馳，從來不是為了與誰爭個輸贏，只是為了努力與自己賽跑。明天的自己要比今天的自己更好，後天的自己要比明天的自己少一點瑕疵，這些都是他們牢牢刻畫在心中的準則。

在生活中，卓越型的人也表現出對細節的關注和追求完美的特質。他們會花費大量時間為心中願景預備，確保一切規畫都在通往理想的方向。他們的決策過程通常會基於充分的資訊和專業評估，如此一來，借助專家與權威的論述，能幫助他們避免可能的失誤。然而，這種對完美的追求，有時也會讓他們感到疲憊和壓力重重。

嚴以律己和待人，追求完美卻忽略其他

日本知名演員高橋一生曾有一段這樣的訪談，他不認為自己是完美主義，他只是不喜歡感覺到自己的「不夠好」。他說：「當自己在學習事情上，比起靠人教導而學會，他更想要的是『靠自己偷偷學會』的感覺。因為靠別人教，就好像自己是不夠好，而若是單靠自己努力習得的，才像是自己真正學會了。」這段話，正是許多卓越性格者的共通性，在面對限制與困境時，又或者在遭受批評或責備時，令他們不舒服的往往不是因為他人的評價，而是他們心裡自我苛責的聲音——比起被罵的窘迫，他們更惱怒於自己怎麼不表現得更好一點。往往就是這種不服輸的性格，刺激著卓越性格者一次又一次向前邁進，迎向每一次的挑戰。

有時，我也發現自己性格裡帶有一些類似卓越性格者的特質，

所以在與人互動時，旁人不經意的話語，都能催化出我想自我挑戰的性格。

那是我第二本書剛出版的時候，編輯依照慣例，請我到出版社親簽五十本書，以搭配後續行銷宣傳使用。

「那有什麼問題？一定是親自簽好簽滿！」我這樣回答。

簽名的時候，我順口問編輯：「我需要挑幾本寫寫幾句『精句』，當作彩蛋嗎？」

可愛的編輯微笑著說：「當然好啊！謝謝老師！如果讀者收到應該會很開心。」

正當我開始思考要寫些什麼時，身旁的編輯不經意說了一句：「老師，我們曾經有作家很厲害，親簽的每一本書，裡面寫下的句子都不同喔！」

什麼?!聽到這句話時，我可是在心中睜大了動畫《間諜家家酒》當中主角安妮亞的驚訝大眼，腦海浮現出清晰的OS：「這怎麼可以！輸人不輸陣！即使書可能賣得比別人差，字還比別人醜，但寫精句絕對不可以輸人的！」於是，我心中的挑戰開始了。即使沒有人為我設下任何賽道，但編輯無心的一句話，卻開啟了我與隱形對手競賽的閘門。我默默認真地寫下了「五十句完全不一樣的教養小語」，在每一本書中的句子，都是我當下即時想出來的。

回顧當時，其實在我寫到第二十本時，一旁的編輯似乎發現我沒有停下的跡象，立刻委婉地說：「老師，如果太累不用每本都寫喔！」而不服輸的我，隱藏了真實的感受，只是笑笑說：「沒有啦，我覺得很有趣，這樣很挑戰！」殊不知，我當時心底真正的「挑戰」，不只是要即時想出五十句不同的精句而已，同時也要挑戰那種「別人做得到，我就不能做不到」的念頭。

這樣的嚴以律己，當然能激發出許多卓越性格者的表現與創意，但在生活中，同樣也常因為這種不妥協、不讓步的態度，讓旁人感到高度的壓力。

卓越性格者往往具有很強的領導力，能帶領團隊實現目標。然而，他們對自己的高要求也會導致對他人的苛求——他們希望周圍的人能跟上自己的步伐，並且按照自己的標準來完成任務。這種行為在無意間會給周圍的人帶來壓力，甚至會引發衝突。

王主任是一位滿懷理想的學校輔導主任，他對校園輔導工作充滿熱情和創意，不僅在辦理校園講座與研習上經常推陳出新，希望為大家帶來不同的收穫，還在學生輔導的事務上力求完美，照顧每一個細節。他對自己的要求非常高，事必躬親的他，留校加班，或把行政工作帶回家完成，是他生活中的常態。不過，他也同時期望其他老師們能跟他一樣，達到同樣的標準。然而，這樣的高標準對大家都帶來了極大的壓力。

從其他老師們的角度來看，除了學校的輔導工作之外，他們希望也能平衡自己的家庭生活，所以對主任的要求常感到困擾。而王主任不明白，自己從來不是為了個人的績效而努力，他對同仁們的要求，是基於輔導工作的價值與意義，為什麼其他人不願意像他一樣投入和努力。他不知，這些挫折來自於他和同事們對工作期待與目標的不一致。王主任的理想和追求卓越的目標，雖然出發點是好的，但過高的要求和壓力，讓同事們難以承受，從而導致工作上的摩擦和不協調。顯然，這樣的高標準在團隊中帶來過多壓力，即使希望大家都有良好的表現，卻在無意識下影響了整個團隊的協作和效率。

過度努力，身心都需要停損

信奉努力主義的卓越型性格者，往往擁有比大多數人更高的抗壓性。追求完美是好事，但不允許自己休息或放鬆，卻很容易帶來大麻煩。

有一段時間，我非常忙碌，不只既有的個別諮商和演講工作要完成，手上還有許多約定好的稿件截稿在即，那時又適逢新書宣傳期，我連喝水、吃飯的時間，都要刻意設定鬧鐘提醒自己；一整天忙下來，常常是回家後才驚覺自己連上廁所都忘了。那陣子，家人朋友的邀約得等上一個月，才能擠進我那沒什麼縫隙的行事曆裡。他們說，我得了一種「不把行事曆填滿就會死的病！」這雖是朋友之間的玩笑話，但我不得不承認，心中五味雜陳之餘，其實還帶著一點點竊喜的自傲感。（你看，這是不是很病態？）

我也是信奉努力主義的人，認為唯有追求不停歇的生活才是有價值和意義的，所以，不容易覺察到自己的疲憊，有時甚至連承認自己有「休息」的需要，都感到罪惡。但即使腦中不允許自己休息，身心也還是會有抗議的時候——畢竟沒有人是真正的鋼鐵人。直到某日，我對著電話裡的朋友抱怨，事情好像真的太多了，已經快喘不過氣了（這是卓越性格者的另一個壞習慣，即使腦袋知道事情已經多到不堪負荷了，行動上還是不願意停下來），不經意地，我竟然對他說：「我好想生一場大病喔！」

「為什麼？」朋友很意外這種話會從彷彿工作狂的我口中說出。

我說：「因為這樣一來，我就可以名正言順的好好休息了，然後瘋狂地睡上三天三夜，天塌下來也什麼都不要管！」

電話那一頭的朋友，先是一愣，接著用力唸了我一頓：「你有病喔！你會有這樣的反應，就代表你事情真的太多，太累了啦！休息本來就不需要理由，幹嘛一定要生病才能強迫休息呢？」

朋友這段話，宛如當頭棒喝。是啊，平時對自己極為嚴格的我，怎麼連「停下來」，都不願意給自己呢？

同樣地，這也是許多卓越性格者的困境，總是努力並過度投入的代價，就是常常忘記休息，也總是等到真正覺察到壓力警訊（例如，身體出狀況了），才驚覺自己早已陷入過勞與耗竭的狀態。

追求卓越，渴望證明自我價值

卓越型的人，通常是高效且具有競爭力的。他們多半會積極投入各種挑戰，渴望突破自己的限制，凡事都要親力親為，承攬一切。但這些努力的背後，可能躲藏著一個渴望，即是「**渴望證明自己是夠好的，夠有資格的**」。

所以，當卓越者的計畫遇到阻礙或受到質疑時，內心的反應是非常強烈的，甚至會變得情緒激動。事實上，卓越型的人內心深處還是隱約會有懷疑，懷疑自己是否真能實現這些理想和目標——他們未必如外表那般總是自信滿滿。

不停地衝刺、奔馳，獨力承攬一切任務，過度承擔來自他人（其實是自己）的期待，可能都是卓越性格者要鞏固自己的慣性；透過具體的外在表現，感受到那些行動力與積極度，藉以證明自己真的有「好好努力」。

養成卓越性格的成因可能很多，其中一部分，往往與早年的成長經驗有關——是對自我價值與重要性的反覆挑戰。有些卓越型的人，可能在成長過程中受到過多的比較和評價，使他們在無意識中，漸漸落入過度追求外界認同的慣性，只為了確立自己的存在與重要性。

接納不完美，保有內心平靜

對卓越者來說，有一個很重要的功課，便是學會接納自己的不完美，去理解自己的有限，並不會削弱自身價值，而是讓自己更真實、更完整。我們無法期待卓越者從此不再自我要求（畢竟不可能），但可以鼓勵他們練習「**不過度努力的努力**」。意識到人生確實都要求卓越的動力，但更重要的是，接納自己在努力後仍有不完美的可能。如此一來，卓越型性格者才可能真正獲得內心的平靜和滿足，也在與他人的互動中，更加包容和理解他人的需求。

接納自我，為自己設定合理的目標，同時試著將自己的壓力分擔出去，不再設定過度的理想標準，都是重要的功課；不過，如何在其中達到平衡，更為關鍵。

試著學會欣賞自己的努力和成就，即使覺得所做的事情只是本分，也需要刻意練習肯定自己——那些努力都是值得被看見的。

每天花一些時間反思自己的成長和進步，感謝自己所付出的努力，能幫我們培養更多內心的滿足感。這並不意味著停滯不前，而是讓自己在追求卓越的同時，也能享受過程中的每一個小成就。當卓越型性格者願意給自己多一點接納，少一點批評，就更能在「追求卓越和接納不完美」之間找到巧妙的平衡，也才能在理想和現實之間找到真正的幸福和成就感。學會在追求卓越的道路上，給自己和他人更多寬容和理解，這才是獲得自我價值感的重要關鍵。

探索性格＆保持彈性，理解自己與他人

關於前面篇幅「主軸性格」的說明，你在閱讀時是否感覺到，自己的性格中彷彿每種特質都有一點，又未必全都命中紅心——沒那麼絕對，是吧？或者，你覺得自己確實比較接近某一種主軸性格特質，但在某些情境下，又會變成另一種。這是當然的，生命本就是流動的過程，我們時時刻刻都**努力在動態中找到自己的平衡**；當我們變得彈性與開放，就會看見自己在不同情境中的不同樣貌。因此，說明這四種主軸性格，並不是為了讓你對號入座，或強加任何標籤在身上，而是引導你從中探索自己，更加了解自己和他人。

你會發現，所有的主軸性格其實沒有對與錯，只有與環境和周遭他人的適配性問題。每種性格都有其優勢與限制，或許過去你的某些特質令你感到困擾，但不代表它是絕對不好的。阿德勒說：「我們感興趣的不是過去，而是未來。為了了解一個人的未來，我們必

須了解其生命風格。」意思是，當你對自己的生命風格有更具體的認識與掌握，你就比別人更有機會避開那些性格所帶來的局限，也能更完整地預備自己，發展出不同的因應策略。所謂「覺察」就是停損點，有時，僅是對自己展開認識，改變就已經發生了。

這個篇幅所談的性格描寫，並不是為了讓人落入標籤化的刻板印象，而是期待透過阿德勒心理學中談到的生命風格，協助你對自己與他人以有系統的方式，增進理解。

有句話說，我們對他人的認識，絕不會超過對自己的認識；對他人的接納，也不會大於對自己的接納。所以，能辨識出自己的生命風格，有助於我們通往自己的內心世界，疏通那些隱幽未解的部分，也讓我們在與人互動中，更能平衡彼此。

人生在世，免不了與他人互動，而與他人互動的契合度，能提升我們在生命中的安適感（Well-Being）。認識生命風格，不是為了標籤他人，或合理化自己的過錯。老子說：「知人者智，自知者明。」增進對他人的理解，是種智慧，但對自己性格有更完整的理解，便是更大的智慧。最終，能獲得平靜、減少干擾的人，往往是那些善於理解自己、也明白他人的人。

Part 3

生命中的三大任務

每個人都是自己的開創者

人生在世，免不了面臨這些課題：
共同的社會生活（人際）、養活自己的能力（工作）、
在親密關係裡的陪伴與歸屬，乃至子女生養（愛與親密），
這三大課題組成了我們的日常生活；
而我們的生命風格，
展示了如何使用自己的特質和能力來應對這些課題。

Chapter 5

生命任務 ①

人際關係

——有「人」的地方就有江湖 ！

「人類最古早的努力之一，是與其同類結締交誼。」

——阿德勒

人生所有的煩惱，都來自人際關係嗎？
或許，我們更能理解的是，
世上每個人相遇，其中的互動，都是生命風格的交錯，
可能共振共頻，也可能碰撞抵觸。
當我們理解了自己，也明白了別人，清楚各自的優勢與限制後，
接下來的任務，就是找出彼此友善互動、共好的方式。

在自己的「生命風格」上與他人相遇

「個體心理學教會我們把生活的問題分成三大類。第一類是人際關係的問題，也就是友誼問題。……第二類包括和職業有關的各種問題。……第三類包括所有的愛情問題。」——阿德勒

每個人都有獨特的生命風格和邏輯，而這些不同的邏輯，自然會在互動中產生自然地碰撞。武俠小說裡寫道：「有江湖的地方就有恩怨，有人的地方就有衝突。」人際衝突，就是每個人在克服自卑的路上相互抵觸。我們都試圖克服自己的自卑、追求圓滿，這些努力，在彼此交會時，往往因為生命風格的不同而產生衝突。

以我和先生來說，我們在處理事情的慣性就很不一樣，特別是在壓力的情境下。我通常無法等待，遇到事情不立刻出手，就好像手裡捧著一團燃燒的火焰，非得立即找到水滅火不可。但先生恰好相反，他總能保持冷靜，像一座巍然不動的山，任憑風雨如何猛烈，他還是可以慢慢思考，反覆評估與判斷後，再展開行動（有時根本就是「不動！」）。

我們夫妻倆的差異，就是典型的「急驚風遇上慢郎中」——我忍不了他的「慢」，他受不了我的「急」。從不同角度來看待彼此，就會有各自的詮釋。我看先生，簡直是飛奔的獵豹遇上慢行的烏龜，獵物都要跑了，還不知道動起來；他看我，如同一頭狂奔的公牛，沒看到紅布，還是漲紅了眼、死命地往前衝。說到這裡，你可能已經明白我的意思——我想說的是，我和先生的「生命風格」真的很不一樣。

阿德勒說：「只要是同伴、同事就必須是平等的，並且也只有在人與人之間是平等的時候，才能共同設法解決他們在日常生活中所碰到的諸多問題。」無論個人之間的衝突多麼巨大，只要我帶著我的邏輯，你帶著你的邏輯，我們在碰撞的過程中就一定要找到共識。我們必須合作，視彼此為平等，才能找到出路。

信賴與合作，串起完整的人際關係

「我們不能忽視：分工是人類社會得以維持的一個因素。每個人都必須，在同時或同地，貢獻一己之力。」——阿德勒

在阿德勒的基礎信念裡，強調所有關係中，每個人都是平等的，每個人都一樣重要。即使每個人的風格、特質和思維邏輯不同，也不減損我們共同合作、各自安好、達到共識的可能。

就像《西遊記》裡的故事，唐三藏帶領著孫悟空、豬八戒和沙悟淨，性格各不同，但總能逢凶化吉，一起邁向西方。重要的是，在各種差異裡找到合作的方式或策略，才能在人際關係中產生勇氣；而唯有合作的態度，才是人際互動成功的要素。

歸屬與支持，讓我們願意合作

你可能會想，什麼樣的人與環境，會讓我們願意彼此合作，放棄一部分的自我堅持？那是**當我們願意將對方放在心上，並相互感到歸屬與支持的時候**。當人與人之間沒有歸屬感，不將對方放在心裡時，是不會有意願合作的。

你有過租車的經驗嗎？對於自己短期租用的車子，你會細心呵護，花時間、力氣去保養嗎？恐怕不會吧。這是很自然的，因為多數人對於不屬於自己的東西，或不屬於自己責任的事物，並不會特別看重，更不會多耗費力氣。同樣地，我們在互動中願意額外投入或付出，提供貢獻，也是當我們真正將眼前的人和關係放在心裡，有意識地看重自己在這段關係中的責任時。

阿德勒說：「生活的問題，都是需要與人合作才能解決的問題。」當我們願意擁抱社會，在心中放入他人，自然就能展現平等合作的姿態。

為什麼合作很重要？邀請你做一個小小的活動，首先，請在紙上畫出一個圓；接著，像切披薩一般，以直覺的方式，在這個圓上畫分出你的各種身分、角色——請試著以直覺的方式來切割，而非等比例的方式。

以我（海蒂）為例，我擁有多個身分：對於諮商個案，我是心理師；對於讀者，我是文字創作者；對於父母，我是他們的女兒；對於孩子，我是他們的母親；對於先生，我是他的妻子。

當我身上承載的角色越多元，我每天要完成的事務就越複雜；而老天是公平的，祂給每個人每天都是相同的二十四小時。如果我期待將每個角色都做好做滿，就得倚賴身旁的人，相互扶持，彼此補位。比方說，當我在工作時，必然會有無法完整照顧家庭、陪伴孩子的時候，這時，我就得倚賴先生、學校的老師，來幫助我圓滿這份工作。（所以，我非常認同「教養是一個村落的事」這句諺語！）

不必獨撐大局，讓他人適時補位

你是否思考過，生活中總要有其他人來協助你補位？阿德勒說：「我們活在世上，就必定認同這個限制——『我們的四周還有其他人；我們活著，必然要和他人發生關係……假使只有自己孤零零地活著，且只想憑自己的力量來應付自己的問題，必然會滅亡。』」

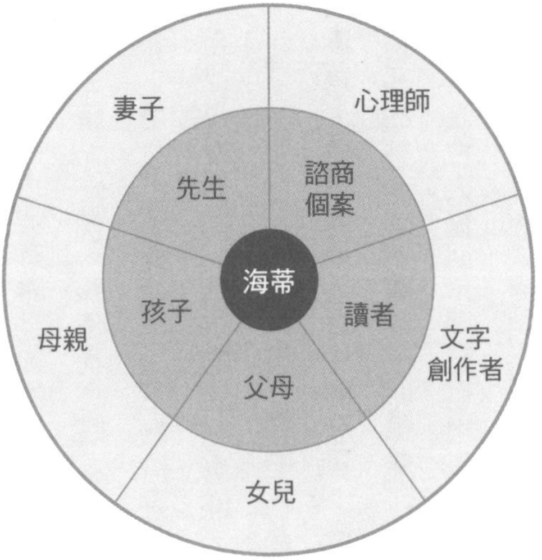

這句話的意思是，只要我們活在這個世界，就意味著我們的生命與他人相連；我們需要互相扶持，同時也是他人生活的一部分。

有時候，能合作、成為隊友的人，未必是因為有相似的性格；即使是不同性格的人，彼此有共同目標，且能相互信賴，自然就能合作。

我深深相信阿德勒所說的，儘管許多問題源於社會互動，但能解決我們煩惱的，也唯有靠足夠的社會支持——面對許多困境，可以不用獨撐大局。確實，有時我們以為靠自己就好了，不想麻煩他人；又或者，是自己不敢放手，不相信有人能陪我們一起撐著。然而，只靠自己撐好撐滿，這樣的狀況也許一開始沒有太大問題，但時間久了，就會因為長期過度用力而陷入惡性循環，漸入孤立自斃。

生活本質上就是人與人合作的歷程；合作的體現，是「相信」和「允許」。「相信」是「生命團隊」順暢運作的關鍵，意味著我們相信自己可以偶爾讓他人協助，同時也相信他人不會對我們的生活造成嚴重損害。「允許」則表示我們給予彼此空間，允許他人以自己的方式處理事情，並理解不同的方式不一定代表錯誤。即使意見不同，也可以練習「有建設性的分歧」*。

在生活裡，我們追求的是完整，而不是完美。生命想要「完整」，也絕非靠自己一個人獨撐大局。讓他人一起補位，讓自己與社會連結，才能補足自己身上的各種干擾與限制。

*關於「有建設性的分歧」，請參考巴斯特．班森的著作《意見不同，還是可以好好說》（天下雜誌出版）。

社群情懷：我存於社會，社會也接納我

自有人類的文明以來，我們都傾向與人靠近（脆弱的動物絕不會離群索居），人類渴望與他人連結、靠近，是一種生存的本能。因此阿德勒相信，能與他人共存、共好，並找到自己的連結與價值，是促使人們身心安適的重要基礎。

內建共融感，安頓身心&跨越自卑

從阿德勒心理學的角度看來，與人連結，與社群共融，不只為我們帶來身心的安適，也是跨越自卑的重要關鍵。當我們對社會的「共融感」或「社群情懷」*越充足，就越不會過度專注在自己的自卑上，也越能彈性地展現自己的生命風格，自然得以擁抱生命的安適感。

我中有你，你中有我

所謂「共融感」或「社群情懷」，是指一個人感受到自己與社群的關係與連結，這是阿德勒心理學一個重要的核心精神。「社群情懷」是一種感受，一種「我存於社會，社會也接納我」的感受，它很難用具體文字來描述，或許可從芳香療法的概念來理解人與社會的關聯。

在芳香療法中，有一種萃取精油的方法稱為「浸泡法」（Infused Oil）。這個過程是將乾燥後的香草植物（如薰衣草、迷迭香、金盞花等）放入乾淨的瓶子中，然後倒入天然植物油（如橄欖油、荷荷芭油等），使植物完全浸沒在油中。隨著時間的推移，香草植物的化學芳香分子會慢慢釋放到植物油裡，植物油因此融入了香草植物的香氣

---

*「共融感」或「社群情懷」（德文：Gemeinschaftsgefühl；英語：Social Feeling；日語：共同体感覺），最早的翻譯為「社會興趣」（Social Interest），現今有書籍譯為「社會情懷」。

和風味。原本生命短暫的新鮮香草，在成為乾燥花後，可能因風乾而失去水分和光澤，但因為浸泡在植物油中，反而延長了它們的存在意義，並形成另一種觀賞價值和風貌。

「浸泡油」就是香草植物與植物油的共融產品。用這個說明來理解阿德勒學說中的「共融感／社群情懷」，再清楚不過了。從阿德勒的精神看來，人與世界周遭本來就是相互牽動的。我們確實會受到他人的影響，做出改變，產生行動；同樣地，我們周遭的一切，也因我們的存在，而有所不同。

初入阿德勒心理學領域的我，也曾好奇，為何強調「整體性」與「事物的完整性」的阿德勒，會將自己所創立的心理學思想命名為「個體心理學」（Individual Psychology）？這樣的名稱，不會過於強調個人主義嗎？其實，英文的 Individual 一詞，來自 IN-divide 一詞，即是「不可——分割」之意。

人與場域皆為不可分割的同一場域，就像「浸泡油」一樣。香草植物與植物油之間，本是各自獨立的物體，卻因彼此同時存在於同一場域之中——我中有你，你中有我，便難以區辨出誰為主體、誰為客體。「香草浸泡油」的存在，彌補了香草植物難以獨立被萃取出精華的困境，也展現了植物油本身的涵融特性。

我之於你，我不屬於你，但我卻延展了你。
你之於我，你不屬於我，但你卻昇華了我。

你在我心中，我也在你心底，這就是共融感的展現。這種感受難以言傳，但當你留心，會發現自己從未與人相隔太遠。

擁有彼此，卻互不隸屬

阿德勒心理學相信，人與人之間的共融感，是引導人們克服個人自卑的終極解方。當我們與人共處時，知道自己是獨立的存在，也願意敞開自己與他人合作，並接納自己與他人共同存在，就能在生活的流動之中感到安適。

當人擁有了共融感，那是一種儘管自己是一個人，也不會感到孤單或寂寞的感受。因為在人群之中，我們擁有彼此，卻互不隸屬——自己心中有群體，自己也在群體之中被承載、包覆著，同時，又能感受到自己的獨特性。

不久前，我看了一齣日劇《至愛之花》，故事中講述四個性格截然不同的角色。這四個角色的共通點，是他們都不容易融入社會，在與人互動時，經常產生孤寂感。四個主角，從小開始就很害怕班上「兩兩一組配對」的活動方式，因為每次配對時，自己多半是落單的那個人。其中，我對這句台詞印象格外深刻：「我很喜歡花朵，卻討厭花店。因為明明每一朵都是獨一無二美麗的花朵，卻硬被湊在一起，任人挑選，非得分出勝負，找出一支最美的不可。」說出這句台詞的，是主角之一松下洸平。他是一個在工作、人際與情感關係裡都不擅長與他人相處的人，但為了不被社會排斥，他拚命又努力地隱藏自己原本的性格，只為了不讓別人覺得他很奇怪。然而，松下洸平心中的自卑感，那種深刻又清晰的人際疏離感，從沒有消失過。他越努力掩飾自己真實的性格，就越感到孤寂。直到在因緣際會下，他遇見了其他三個與他相似卻又大不同的朋友……

劇中四個各自在生活裡經歷「自卑（不足）」的人，也因為一連串的機運積累、相逢，逐漸展露真實的自我，不再刻意掩飾，也不再偽裝自己。即使劇中的每個人都有自己的課題，卻也因為彼此的交疊而產生互補性。在看似不合理的劇情安排下，故事中的主角們都因此巧妙地激發出彼此的「共融情誼」。

劇中有一幕讓我難忘。松下洸平在四人小組的聚會即將散場之際，突然緩緩地這樣說了：「大家聚集到我這裡，接著離開，只剩我一個人的時候，有一種不可思議的感覺，就像是『自己不會再是一個人了』的感覺。好像一個人也不害怕了，知道自己不再是一個人，就會覺得，自己一個人也沒關係了。」當他在螢幕上露出心滿意足也自在真實的微笑，你彷彿明白了，那就是當一個人深刻地體悟到社群情懷後，不再感到孤單害怕，也不擔心自己從此是一個人了的最佳寫照。

與他人共好，擺脫自卑感

「合作的潛能是天生的，每個人都有；但要使它發展出來，還得加以訓練和練習。」——阿德勒

讓我們回到克服自卑的討論，也回到消弭當「不同生命風格」撞擊時可能產生衝突的困境。

生命風格的存在，一直是我們內心克服自卑、邁向優越的路徑，然而，克服自卑的追逐之路是永無止境的。每一天，總有大大小小的事物干擾著我們內在的平衡；即使我們對自己有足夠的覺察和認識，但因為內心狀態的變化，依然會感受到波動。因此，如果單純地將注意力放在自己如何變得完美以克服自卑，就更容易忽略外在環境中與他人共好，乃至整體平衡的重要性。

共融感的建立與強化，是阿德勒心理學一個重要的核心目標。

當我們擁有足夠的共融感，就不會只關注「滿足自己」和追求那永遠不

可能的完美——過度關注自我滿足，反而會產生更多無法避免的人際衝突。而當我們不再過度關注自我改變，轉而思考如何對他人產生貢獻時，會獲得一種自身存在的價值與意義；當我們在與他人的互動中，清楚感受到自己的重要性與價值，自然就能擺脫自卑感，產生善與正向的循環。

因此，阿德勒認為，要克服自卑，應該關注的是個人自身的能力與付出，思索可以如何幫助外界環境更好，對社會有所貢獻。更精簡來說，超越自卑的正向路徑，就是發展個人的「社群情懷」。

課題分離：與人合作，又不失去自己

阿德勒心理學成為顯學之後，「課題分離」＊一詞就迅速紅遍了大街小巷，幾乎每個人都能說上幾句。

究竟什麼是課題分離？所謂「課題分離」，是明白每個人都有自己的課題與不足，認清自己的需求，也認清他人的，不因他人的課題而感到受傷，也不去承擔不屬於自己的責任。

阿德勒心理學認為，生活中要練習課題分離，而在關係互動中，每個人都要為自己負責，管好自己的事情就好。所以，堅持自己該做的事，不拿別人的石頭砸自己的腳；避免涉入不屬於自己的問題，也別讓他人來承擔自己的責任。如此，在關係上保持界線，就可以不受到干擾。

彈性以對，練習「課題分離」

「人都有能力面對困境，解決生活難題。」
——阿德勒

課題分離的概念，是去辨識出生活中哪些事情是我可控的，哪些事情不是我能改變的，清楚掌握自己的可為與不可為。同樣地，如果我們知道自己遇到的困境中有可控和不可控的部分，就能以更彈性的眼光來面對與理解。

釐清問題所有權，看見各自的課題

你相信嗎？我曾經為了一盤滷蛋，差點和先生大吵一架——那是我們還沒結婚的時候。我和先生在國外求學時認識。對於海外學

---

*阿德勒本人並沒有說出「課題分離」一詞，是由岸見一郎老師在《被討厭的勇氣》一書延伸出來的。

子來說，遇到假日，到彼此租屋處串門子，人手帶一盤自己的「拿手料理」，辦Potluck Party（自備菜餚的聚會），能讓大家聯繫彼此，也療癒些許的思鄉之情。那天，我們兩人一起到住在同社區的朋友家作客，原本講好由我們帶水餃過去，但出發前，我心血來潮，另外滷了一些滷蛋，想一起帶過去。對半切的滷蛋，擺在圓形白色紙盤上，淋上醬油膏，撒上翠綠蔥花——這雖不是什麼了不起的料理，但對當時的我來說，是值得驕傲並想與他人分享的點心。出門時，先生看著我手中捧著一盤滷蛋，眉頭緊皺，顯得不太開心。

「那是什麼？」他嚴肅地問。

「滷蛋啊，我滷的喔！顏色很漂亮吧！」我開心地回答。

但不知為何，先生卻顯得很不滿，又說：「不是說好我們帶水餃就好了嗎？滷蛋幹嘛？」

「沒關係啊，東西不怕多，大家可以一起分享，很好吧。」

我不知道先生怎麼了，只覺得他那天特別難相處，怎麼對我帶滷蛋這件事這麼有意見？一會兒說「人家不會想吃啦！」一會兒又說「你這樣整盤端著走，很容易被撞掉啊！」甚至還口出威脅：「你帶這滷蛋去，等一下沒有人捧場的話，你不要怪我沒提醒你。」總之，他一路上都在挑滷蛋的毛病。越接近目的地，他的挑剔語言就越刺耳，我聽著越來越不舒服。到最後，我感覺他根本就是在找我麻煩！我終於忍不住了，在路邊大聲質問他：「你到底什麼毛病，不過就是一盤滷蛋而已，有必要一直碎唸嗎？」

先生安靜了，鼓著臉，悶著頭。我們兩人各走各的，不想再吵，但也不想再說話。

突然間，我倏地閃過一個念頭：「他該不會是覺得這樣捧著一盤滷蛋很丟臉吧？」

原來如此！頓時，我恍然大悟。性格溫和的先生一向行事低調內斂，不喜歡招來不必要的眼光。「滷蛋」這樣食物在西方並不常見，當他看到我捧著一整盤滷蛋，從社區的東邊走到西邊，一路上肯定會引來許多側目和好奇的眼光。難怪，他出發前千方百計地阻止我！

突然間，我明白整件事的癥結點了。其實從頭到尾，不是先生在找我麻煩，而是他遇到了麻煩，但他不知該怎麼表達。他不想因為這盤滷蛋而招來異樣眼光，但他可能不知道如何表達這種悶悶的不舒服感；又或者，連他自己也不知道這種不舒服感是擔心引來側目後的壓力。於是，他直覺地想阻止我帶滷蛋，而這是他最簡便且快速的問題解決策略——「怕人注意」是他的課題。

那麼，這個事件裡，我的課題是什麼？我期待自己的努力付出，能獲得別人的認同和肯定，但先生的態度卻讓我覺得自己的心意沒有被接納。在他找碴的言語中，我感覺自己被否定、被批評，這讓我很不舒服——「不喜歡被人評價」一直都是我的課題。

我們因為一盤滷蛋而吵架（聽起來很蠢我知道！），表面上的問題癥結點是「這盤滷蛋」，但更深的意涵是，我們兩人都在用自己的方式避免心中的「自卑」，然而，我們都被勾起了各自的課題。

如果我們從每個人都有自己的「生命風格」這個概念來理解，會更明白，課題分離的核心，是釐清關係與衝突之間的「問題所有權」

（Problem Ownership），把在意的那個關鍵點找出來。一旦我們對於眼前的挑戰有更清晰的洞察，了解哪些部分是屬於自己的責任，哪些是對方心中的結——而那不是我們要承擔的，就能以更有智慧和包容的態度來處理困境。

批評與防衛，是脆弱的展現

當我們面對生活中各種無禮的對待時，該如何以課題分離的姿態，來協助自己彈性以對呢？

回到前面談到「主軸性格」的描述，你是否發現，不論是哪一種特性的人，其實內心都有個最脆弱的渴望，例如：有人的主題是安全感（擔心面對變化），有人是尊重感（擔心被小看），有人是孤獨感（擔心被拋棄）。於是，為了避免自己落入最害怕的狀態，有些人會施以全力反擊；而利用特權、傲慢等負面態度去四處攻擊他人的人，必然也是因為在那些被磨出扎人硬繭底下，藏著某種我們無法看透的脆弱禍心。他們都藉由指控別人的行為，以避免失去安全感，也更鞏固自己的堡壘，相信自己是絕對正確的！

有時候，內在越是脆弱與自卑的人，藉由攻擊他人來防衛自己的力道就越猛烈；而之所以這麼做，多半是因為他們**不夠相信自己**。

我遇過這樣一個案例，一位男性在生意失敗後決定回歸家庭，擔起照顧孩子的事務，由太太出去工作。太太的工作能力很好，沒多久就被提拔為主管。然而，升遷後連帶擔負的責任變大，加班晚歸的頻率也變高了。太太的能力被看重，也改善了家中的經濟狀況，原本是件好事，但時間久了，加班次數多了，先生心中隱約的不安感越來越浮上檯面，每次太太加班晚歸，先生對太太的冷嘲熱諷也開始增加。那些酸言酸語，其實都是先生不自覺的一種自我保護傾向（Safeguarding Tendency）。當我更仔細地去了解先生的內心，逐漸發現，這樣的行為其實是先生看見太太越來越突出，擔心自己在家中不再擁有地位；尤其每當太太疲憊回到家，沒氣力對他說話，他更覺得自己不受到太太的重視，甚至懷疑自己的存在感。

生活中，不論在職場或人際互動裡，我們也會遇到那些總是帶著戲謔口吻，說出傷害他人話語的人。倘若我們不明白那是他們對內在自卑的反撲，可能會誤以為他們是自我膨脹，以貶低他人為樂，但事實上，這往往是他們內心脆弱的表現。

有句話說：**內在越是安穩的人，越無須向他人證明自己**。而這些用惡意批評來向他人揮舞的人，恰恰相反。若我們是被攻擊的對象，得提醒自己：那只是他們內在脆弱與不安的反撲。布芮尼・布朗（Brené Brown）博士在《脆弱的力量》一書中這樣說道：「事實上，他們對自己的苛求往往比對別人還嚴厲，所以他們常以惡意批評他人的方式，來減少自我懷疑，但他們不只嚴以待人而已。」

原諒別人，也放過自己

酸民文化、網路的惡意攻擊，在在反映著這樣的心理現象。有些人在遇到與自己立場不同、衝擊自我價值觀的言論時，會用「偽裝成批評」的手段，包裝內心的自卑。這類評論多半不是出於良善的意圖，我們也不會在評論裡讀到任何溫度。這些帶著惡意的評論，往往是他們虛張聲勢的自卑，想讓自己有「聲量」，而「批評」就是讓人看見他的方式。

用課題分離的態度來看，會明白，他們只是沒有其他方式讓別人看見他們罷了。用課題分離的眼光來看待別人的惡意，不只是為了「原諒別人」，更重要的是，當我們理解也認清一個人行為背後的原因，不再只關注他表面的行為時，會讓我們的心情改善許多；說白了，我們就更能放過自己。

人與人相處真的不容易，每個人都用自己的慣性去表達，因此容易發生誤會。但人與人相處，也可以很美好。只要懂得看見自己，也明白他人，就能做到真正課題分離，不用被綁架。

阿德勒的概念裡，「課題分離」和「社群情懷」絕不相互抵觸。我們需要的不只是課題分離的社會，更需要覺察自我議題之後，依然能把別人放在心上，用智慧來達到共好。

一位禪者在河邊打坐時，聽到掙扎的聲音。睜開眼睛一看，是一隻蠍子正在水裡掙扎。

他伸手把牠撈上來時，被蠍子豎起的毒刺螫了一下，於是他把蠍子放到岸上，繼續打坐。

過了一會兒，他又聽到掙扎的聲音，睜開眼睛一看，蠍子又掉到水裡了。

他又把牠救上來，當然又被螫了一下。他繼續打坐。

過了一會兒，他又有了相同的不幸遭遇。

旁邊的漁夫說：「你真蠢，難道不知道蠍子會螫人嗎？」

禪者：「知道，被牠螫三次了。」

漁夫：「那你為什麼還要救牠？」

禪者：「螫人是蠍子的本性，慈悲是我的本性。我的本性不會因為牠的本性而改變。」

如同故事中的禪者，他清楚明白自己「慈悲的本質」，但也明白蠍子螫人是牠的本質，禪者不因牠的本質而落入心理的傷害，這就是阿德勒心理學概念裡的「不去擁有不屬於自己的課題」。

話說回來，如果每個人都謹守「課題分離」，認為把自己顧好就好了，會不會變成「自掃門前雪」的景象？而我們在前面曾提到，與人共好，建立社群情懷，讓自己心中有別人，才是阿德勒心理學的精神。其實，這個故事還有下半段：

這時，禪者又聽到掙扎的聲音。

一看，還是那隻蠍子。

他看著自己腫起來的手，看看水裡掙扎的蠍子，毫不猶豫地再次向牠伸出手去。

這時，漁夫把一根乾枯的樹枝遞到他手上。

禪者用這根樹枝撈起蠍子，放到岸邊。

漁夫笑著說：「慈悲是對的，既要慈悲蠍子，也要慈悲自己。所以，慈悲要有慈悲的手段。」

故事中漁夫所說的：「慈悲要有慈悲的手段」，對我們無疑是一種提醒。善待別人也要避免自己受傷，因為人與人之間不會只有一個答案；兩人都好，讓共同需求得到最大滿足，是「課題分離」後依然需要思考的。而能做到保護好自己，也善待別人，便是社群情懷的展現了。

親子關係的「課題分離」

「父母的任務是協助孩子成為一個合作的人、一個樂於幫助他人的人，並在自己能力不足時，也樂於接受他人協助。」——阿德勒

越親密的關係（社群），越需要練習共好。其中，親子關係裡可以練習「課題分離」的機會特別多。對許多父母來說，孩子是自己生命體的延伸，我們從自己的體內孕育出他，就很容易在無意識下介入孩子的課題，也讓孩子本身的狀態干擾我們的課題。

我們有時會忘了，孩子與父母都是獨立的個體，各自有各自的功課。因此，在教養中要學會課題分離，不去承擔不屬於自己的責任；換言之，我們得把自己與孩子的生命分開。當然，我們也可能忽略了，父母與孩子本就是生命共同體，生活在一起，雙方肯定會有互相影響、干擾、牽制的部分。所以，父母在與孩子相處的經驗裡，能不被孩子干擾，同時有智慧地「引導孩子」學習自我該承擔的部分，就是展現「共好的智慧」。以下分享一個經驗。

二〇二四年初，女兒興高采烈地跟我分享學校要舉辦母親節校內表演的消息。她和同學決定組團，報名「四手聯彈」的表演。這兩個女孩得知活動消息時就開始選曲子、挑譜，每週更規畫練習合奏的時間；快到校內徵選時，還討論好服裝、髮型，有模有樣的，一副勢在必得的樣子。

徵選回來當天，女孩有些失望，認為自己表現不理想，加上學校今年報名的組數非常多，她們認為被選上的機會不大。沒想到，老天爺帶來了驚喜，女孩們不只徵選上了，學校還把她們排進校外公開表演場次（原本女孩目標只是校內場而已）。我一看到這個消息，立刻告訴了女兒，想好好鼓勵她，沒想到，她竟然皺起眉頭，癟著嘴一副生氣的樣子，接著開始抱怨「我才不要星期六出門，這樣很累！」

女兒的反應完全出乎我意料之外，怎麼入選後反而不開心?!我退出房間，把空間還給女兒，讓她先沉澱一下。十分鐘後，她出來喝水，我們展開這樣的對話：

「徵選出來的結果，跟你想像的完全不一樣，讓你很錯愕齁？」

（女兒安靜地喝著水，不說話。我想，我猜到了。）

「你們這麼認真地準備、努力，你本來想著只要對校內的同學表演就好，現在卻莫名其妙要對『校外』的人表演，是不是讓你感覺壓力更大了？」

（她繼續安靜著，但原本下垂的嘴角、壓癟的嘴唇好像鬆開一點了。）

「人好像都很矛盾齁，你們原本努力地狂練，就是希望自己可以入選。而我知道你原本也做了心理準備——萬一沒入選就算了。但現在卻是第三種結果：『不只入選，還是對校外的場次』，這完全出乎意料之外，我想，你一時難以接受也是難免啦。」

當下，不知道有沒有看錯，女兒好像微微地點了一下頭。

「嘿，你知道嗎？我剛剛想到C阿姨。有一天晚上，C阿姨跟她老公說，明天我想去看電影，於是，她老公很認真地規畫、安排，決定了隔天的整日行程。結果，隔天早上起床後，C阿姨發現天氣很好，她就跟老公說『我們改去陽明山走走好嗎？』你猜，她老公怎麼說？」

「怎麼說？」

「她老公有點生氣，對她說『可是我都規畫好了，這讓我很難辦。』因為她老公一心想著去看電影這件事，但C阿姨卻改成去山上，這跟他想的不一樣，所以很不開心。」

「你知道，人有時候就是這樣，腦袋裡想著事情，如果被更動了，就會卡住，然後就會覺得生氣，就像你剛才那樣。媽媽猜想，讓你不舒服的部分，不是因為『星期六出門很煩』，而是變成要對校外表演，感受到更大的壓力，情緒更難消化了，所以你剛剛才會第一時間不開心的程度比開心的程度多，對吧？」

「我也猜想，你心中還是有開心的感覺。畢竟徵選入選了，代表你們的努力是被老師肯定的，不是嗎？」

說完這些話，步入青春期的女兒依然是省話一姊，沒有口頭回應我。但，她的表情柔和了，情緒也更穩定了，安靜地走到鋼琴前開始練了起來。

很多時候，親子之間會發生這樣的事情，孩子在學習認識自我情緒的路上，會有很多自己也難以言說的交雜情緒，所以只能用憤怒（發脾氣）來展現。就像我女兒，她一開始的怒氣，表面上看似抱怨週六得出門很麻煩，但更細微來看，是她對表演的不安、焦慮，還有對非預期結果的不確定感。練習理解自己的狀態，練習說出自己不舒服的情緒，是她的「課題」。

身為父母，如果不明白這個「課題」，可能會以為孩子在「亂發脾氣」，或認為孩子「對父母不禮貌，不夠尊重」等等的自我投射，於是開始指責孩子，斥責他們不講道理、沒事亂生氣等等。

此外，父母有另一個課題要處理，就是練習接受孩子也會有各種情緒表現。孩子在我們面前「大發雷霆」時，父母心中的無奈、挫折、失落、不知如何是好……等等狀態，都是大人得練習應對和調適的。

在這個事件裡，我的課題之一，就是去把我的主觀價值判斷、我的不舒服、我的難受找出來，釐清哪些是我自己得面對的功課。父母不急忙出手，也不該把孩子視為自己的延伸，當然，更不必急於證明自己是有能力的父母，這些都是身為父母的課題。

但是，面對孩子情緒的波動，父母與孩子也有「共同的課題」，那是雙方要一起努力去嘗試克服的。身為媽媽的我，沒有魔法，沒有「去去情緒走～」這樣的神祕咒語來立刻消滅負面情緒，我們共同的課題是，一起練習「**接受當下的不適**」。我可以試著引導孩子明白自己情緒大浪底下所代表的意涵，協助孩子覺察自己內在的變化，透過細細的對話、隱喻故事、提問等策略，陪孩子建立健康的情緒梳理歷程。

當孩子在成長的路上，從自我世界走向社會成人世界，是需要練習、陪伴、引導和疏通的。父母的角色，既像是孩子的教練，也像是將孩子連結至社會的那座橋，必須讓孩子明白：自己不是世界的中心。孩子得練習幫助別人以增進理解自己的機會；同時，他們也得練習展現脆弱的樣貌，接納別人對他們的幫助。如此，當他們遇到挫折、麻煩時，就會明白自己不是孤身一人，因為父母會是那個理解自己的人。

人際關係的「課題分離」

將課題分離的態度應用在人際關係裡，也是需要練習的。生活中不免遇到在意的人令我們感到受傷或委屈的時候。當他們如烈火般瘋狂地燃燒、攻擊，我們心裡得明白：不是他找我麻煩，而是**他遇到了麻煩**；是眼前這個人正在經歷痛苦的自焚，而不是想和我玉石俱焚。當我們對自己有足夠的信賴，能穩住自己的狀態，自然不會落入「是他害我痛苦」這樣的思維中。

在人際關係裡，我們的課題是能**辨識自己的價值**，而不是由對方的情緒反應來斷定；同樣地，也不會因為他人無法停止的情緒宣洩，就認定對方是失控的人——明白此人正在經歷情緒反應，就不會為了其他不相干的擔憂（例如：過度擔心自己有責任、擔心旁人的眼光），而「急著處理」，要求他化解所有情緒。

我們能釐清對方一切反應來自他自己的內在，就不用過度承擔他人的情緒。當然，對方的課題是得學會安撫自己的情緒，明白人生總有挫折，允許自己經驗負面的感受，但不能期待別人要為他的情緒負責。

情感關係的「課題分離」

每個人都有獨自的課題；不因他人的課題干擾自己，依然可以達成「共好」的可能。讀過一段話，大意是這樣：「在衝突關係裡，我們也許都得為這衝突各自背負百分之五十的責任，但對於彼此的感受，都是百分之百自己的責任。」在我與女兒的經驗裡是如此，在許多人與人之間的關係也是這樣。別人無法承擔我的感受，我也不該為他人背負情緒，但在我們共處的環境與空間中，我們可以選擇的是敞開心胸，給予並接納身旁這位有情緒的人展現自己。我們對自己和他人溫柔，是在關係中展現更多的接納、允許、支持、陪伴與相信——相信他不是針對我，相信他不是刻意為之，避開這種預設對方帶有惡意的立場，如此才能相信他真的遇到困境了。

我遇過這樣的夫妻，太太抱怨先生長年在外工作，疏忽了照顧家庭，讓她感到孤單和不被重視；先生則覺得自己已經盡力提供物質上的支持，無法理解太太的抱怨。在這段關係裡，雙方都感受不到幸福。其實，他們都忽略了關係維持的關鍵：有時我們感到不幸福，並不是因為獲得太少，而是**忘了自己有能力給予**。

當太太願意嘗試理解先生工作的辛勞，表現出自己的同理，並感激他的付出；又或者，先生能在有限的時間裡，多關懷太太一句

「你今天過得怎麼樣？」，即便無法替代太太生活中的疲憊，但願意給予情感上的支持，雙方的關係想必會大有不同。

在人與人的關係裡，有時我們會忽略自己的慣性，忍不住想補償自己的自卑。例如案例中這位太太，渴望愛與連結、對安全感有需求，不斷地確認自己在關係裡不會被拋棄，不停地向先生討愛，渴望來自先生的關懷；但在意尊重與價值的先生，也在太太的「索求」行為中，一再感受不到足夠的尊重，也覺得太太沒有給他足夠的價值感。雙方都形成相互「討愛」的心境。但所謂的「愛」不是靠索討而來，得靠彼此用心經營。關係裡的平衡，是一種生命的冒險；冒險的籌碼是「相信」——相信自己會被人放在心裡，相信自己可以獲得接納與歸屬。

擁有好人緣，從接納自己開始

你可能會問：究竟該怎麼樣才能被人喜歡、被人接納？又該怎麼做，才能真正交到朋友？其實，想被喜歡、被接納，不妨先問問自己：是不是**夠**喜歡自己？**夠**接納自己？

我們往往拿著別人的框架來約束自己，因為對自己不夠了解，只看見別人的優點，放大自己的缺點，就像是拿著不適合自己的鞋子，逼自己穿上，最後變成奇形怪狀的自己，而忽略了自己身上也有許多美好的特質。久而久之，變得**過度討好**，以為在關係裡委屈求全，才能換得他人的愛；變得**過度強勢**，以為只有在人群裡膨脹自己，才會被他人認同；變得**過度退縮**，以為把自己所有的缺失弱點都掩蓋起來，就不會持續經歷被拒絕的沮喪。簡言之，當自己不夠愛自己、不夠接納自己，就會在關係裡變成不像自己的樣子。

人，總有各種樣貌；當然，有優點，自然也有相對的限制。再說，每個團體中都有、也需要有形形色色的人。就像《哆啦A夢》裡，需要有體貼善良的大雄，即使他愛哭又容易放棄；需要有勇猛、重義氣的胖虎，即使他常因衝動而出手傷人；需要有願意分享又有豐富資源的小夫，即使他膚淺又愛現；也需要有萬能又可信賴的哆啦A夢，即使他的道具常在最後一刻失靈。

要在團隊中發揮自己的優勢與特長，得先對自己有足夠的認識，也允許自己不必完美；否則，總是過度苛責自己的人，怎會有餘裕建立良善健康的人際關係呢？

說到底，美好的人際關係，得先從接納自己開始——因為自己才是真正陪伴自己走一輩子的人；進而好好與身邊最重要的人相處，才有底氣向外擴展人際關係，找到與他人自在相處的空間。總之，打造美好人際力，得先從好好跟自己相處開始。

突破框架的勇氣

「只有那些勇敢、自信且對世界感到自在的人，才能從生活的困難和優勢中受益。他們從不害怕。」——阿德勒

任何關係裡，兩人即成一個共同體，各自將彼此的需求放在心上，不屈就別人而委屈自己，也不為難別人使其自我忽略，這需要「智慧」，即是「突破框架的勇氣」。

所謂「突破框架的勇氣」，是指在面對關係中的各種挑戰時，我們需要練習不被過去既有的習慣與思維束縛，並相信這樣的改變是有意義的。這樣的勇氣，讓我們在遇到困難時，不再依循舊有的方式去解決問題，跳脫既有的思維框架，來獲得新的解決之道。舉例來說，在婚姻裡，伴侶間可以練習打破「誰就該負責什麼」的固有觀念，去尋找更公平、更適合雙方的合作方式。

關係裡，很多時候的傷害，是來自人們對角色和身分的僵化認

定，例如：

「我都在外工作了，他就應該……」

「我做了這麼多，所以他也必須……」

而這樣的「應該」或「必須」，會侷限我們與人相處時的彈性（心理學中稱為「限制性信念」），使我們糾結於自己的被剝奪感，也降低平等待人、與人合作的意願。

請試著不以二元性的思維來看待人際問題，而是展現更靈活、彈性的態度，能幫助我們在面對人際間的不同意見時，以開放的心態去理解和接納，而非認定只有一方才是絕對的「正確」或「錯誤」。如此，也能幫助我們在面對衝突時，獲得更具建設性的解決方案。

這樣的「勇氣」，表現在我們如何看待彼此的需求和自我實現上。人際關係中，必然會遇到個人需求和共同利益之間的矛盾。突破框架的勇氣，讓我們敢於面對這些矛盾，不逃避、不妥協，而是積極尋求能滿足雙方需求的創新方案；這需要我們在保護自己的同時，也尊重和理解對方的需求。最終，這種勇氣就能帶領我們在關係中往「共好」的方向走去，即使雙方各自有獨立的課題，也能互相支持和成就對方。

突破框架，不只是解決生活困境的方法，也是一種面對未來的態度，使我們在人生中，不斷地成長和前進。

在人際關係中尋求共好

「同理他人，是社群情懷裡最純粹的表現。」——阿德勒

人生在世，最美好的，莫過於人與人之間緊密的相互依賴與交流。學習課題分離的智慧，能在照顧自己需求的同時，又能保有社群情懷的美好；而在關係中尋找共好，就是社群情懷的展現。

人與人之間需要互相陪伴，但沒有誰能完全「幫」誰——畢竟真正能幫的人，只有自己。就像前面的例子裡，我跟女兒的互動中，我無法真的「幫她解決情緒」，她也不可能「幫我」證明我是個夠好的媽媽——我們都得為自己承擔責任。然而，當人們願意從自身出

發，給予對方更多的理解和支持，彼此的關係就有機會邁向共好也更和諧的狀態。

當我們在關係中遇到困難時，可以先沉澱自己，理解自己內心的感受和需求，然後坦誠地與對方溝通。這不只為了促進相互理解，也能讓彼此更真誠地面對自己的情緒和責任。

別逃避、害怕自己有情緒，也別過度使用自己的情緒，相反地，這樣的交流能讓人更誠實面對自己的感受，也增進與他人的連結。當我們學會對自己的感受負責時，才能在關係中找到真正的平衡與幸福。

我們最終需要明白，在人際關係中之所以感到幸福與安適，是來自我們對彼此的關愛與支持，而不是一味地期待從對方身上得到什麼。當我們願意在關係中給予更多理解和包容，才有機會在這個共處的環境中，感受到來自關係中的滿足與安定。

Chapter 6

生命任務 ②

工作

——為了活下去 & 帶來貢獻！

阿德勒認為，「工作」不僅僅是一種賺取生活所需的手段，
也不僅僅是一個經濟活動，
它更是一種人們可以實現自我價值、貢獻社會的重要途徑。
因此，工作絕不是「討厭」與「生命負擔」的同義詞，
相反地，人們是透過工作，
發揮才能、獲得成就感，也履行社會責任。

重新定義工作吧！走在自我實踐的路上

「正因為人類學會了合作，我們才有『分工』這一形式的重要發現；這項發現是人類福祉的主要保障。」——阿德勒

你喜歡你的工作嗎？對你來說，工作的意義是什麼？隨著時代的變化，越來越多人對於工作的認識與想像渴望突破以往的框架，他們希望工作不要只是「時間換金錢」的代名詞，但又不明白真正的工作到底是什麼。在此，我想試著以生命的角度與阿德勒的觀點，探討「工作」該是什麼樣貌。

工作是一種互助關係

「假使每一個人都不願意合作，也不願意仰賴過去人類的成

果，而只想憑一己之力在地球上謀生，那麼，人類的生命必然沒有再延續下去的可能。」——阿德勒

在工作中，好的人際互動和合作精神至關重要，因為這不只影響人們的效率，更提升人們對社群的連結感與興趣。可以說，「工作任務」是一個使人發展「自卑到超越」的平臺。

「工作」讓我們學會「合作」

從前的我，對工作不明就裡，總覺得「工作」是令人疲憊、討厭的事，認為那是生活負擔的同義詞。而你呢？

假期過後的星期一早晨，鬧鐘響了，還沒離開床鋪前，先浮出腦海的是什麼？是迫不及待張開眼睛，立刻跳下床，精神抖擻地期待這是美好的工作日？還是賴在床上，面對吵鬧不休的鈴聲感到厭煩、想逃避？

有人說星期一是藍色的，甚至在週日下午就開始悶悶不樂，想

到隔天一早的工作，就感到厭煩、無奈。收假症候群、憂鬱的星期一（Blue Monday）成了上班族最熟悉的名詞；想到「上班」就是戴上面具，像是把自己寶貴的時間（或者新鮮的肝）賣給老闆，替別人成就人生。但，難道這就是工作的存在意義嗎？

先回到基本生存要素吧。人要活著，就得滿足基本的生理需求——人要有食物的補給與能源的供應才能活下去。阿德勒也相信，人活在這個世界上，就必須克服最現實的挑戰；這個現實就是：我們都住在一個資源有限的世界，而活在這個資源有限的世界上的每一個人，必須在有限的能力與有限的時間下，發展合作的能力。

因此，「互助合作」成了人類與生俱來的能力。因為這樣的天賦本能，所以在日後發展中自然而然產生「分工合作」這樣的形式，為的就是確保人類可以幸福地生活。

簡單來說，「工作」是一種為了活下去的互助關係；這種關係形塑了我們生活中的一切行為習慣。

工作與生活難分難捨

你算過自己的工作時數嗎？很多人以為自己的工作只占據生活一半、甚至更少。但事實上，當你仔細觀察自己的作息，把每天因為工作而耗費的時間算進去（例如，為了工作而刷牙洗臉預備的時間、通勤搭車的時間等；為了工作而進修、交誼的時間等），你會意外地發現，原來「工作」已經占據了生活的三分之二、甚至是四分之三。再說，現今的通訊軟體多樣又複雜，除了傳統的Email之外，還有各式各樣的通訊方式，讓處理「工作」的時間較以往更多。

顯然，我們無法否認，現代生活型態早就難以將工作與生活獨立切開。然而，我們仍帶著這樣的慣性，將「生活」和「工作」視為兩個獨立的部分，分別是「有工作」和「沒工作」的時候；我們也希望，這兩個區塊最好不要彼此干擾、交集。但事實上，特別是在後疫情時代，工作和生活之間的界線已經沒有明確的分際。因此，我們或許都該重新思考「工作」在生命裡的價值與意義，而不是刻意將它與自己的生命切開，認為工作就該是被「獨立」看見的區塊。當我們越是刻意切開工作在生命裡的重量，就越會發現任何來自工作的重量都是壓力；如此，就會不自覺地放大了身體的感知，而覺得工作實在很痛苦。

在工作中看見意義、產生貢獻

「以盡母親天職而對人類生活有所貢獻的婦女，也像任何其他人一樣，在人類的分工制度中占有高尚的地位。……在我們的文化中，母親工作的價值經常被過分低估……然而，一個家庭的成功與否，母親的工作和父親的工作是同等重要的。不管母親是在家主持家務或外出獨立做事，她作為母親的工作地位是絕不比丈夫來得低。」——阿德勒

在阿德勒的觀點裡，所謂的「工作」不單只是經濟上的產值、賺錢這件事而已；他指的「工作」是：**在日常中，利用自己的角色與身**

分，**透過社會互動進行所有的「生產活動」**。換言之，就是自己透過行動或勞務分工的形式投入其中，展現出自己對大眾、對他人的貢獻，就是一種工作。如果從這個角度來看，就能理解為什麼阿德勒曾說，就算在家裡照顧自己的孩子、照料家人生活起居，即使沒有「薪資所得」，也是重要的工作。更精簡來說，阿德勒心理學中所謂「工作」，可以和「社會貢獻」畫上等號。

無形無價的付出，也是工作

當我們重新定義工作，就有機會打開自己的眼界，明白所謂「工作」不一定總能獲得有形或有價的報酬；**只要是運用自己的能力，產出對社會有貢獻、對他人帶來福祉，都是人類的工作表現。**

我讀研究所時，曾在「街友之家」實習過一段時間。當時的經驗告訴我，當一個人有工作的時候，即使薪水不高，只要明白自己是有能力產出的人，就會感受到自己的尊嚴和價值。或許這正好說明了，為什麼這麼多人願意無償地做出自願性的服務：在醫院擔任志工、一大清早在路口幫忙指揮交通……因為縱使沒有報酬，人都可以透過自己的產出，透過自己努力投入的貢獻，而感受到一種無形的成就感和意義感。

阿德勒在著作裡也提過，不論是藝術家或音樂家，他們透過自己的能力，展現美妙的音色、豐富的圖畫創作，在這樣的創作過程中，大眾因為美好的事物而感受到自己被滋養，進而產生情感，這也是他們工作的貢獻。所以阿德勒說：「我們透過工作來實踐合作和分工，形成人類幸福的主要保障。」

簡言之，工作，能給予我們人生滋養並賦予生命意義，不該侷限地依照是否有報酬來判斷其價值。

揭開工作的迷思

你認為「生涯志向」可以更換嗎？這裡說的更換，不是指換職位、職務，或是跳槽到其他公司這樣的「變動」，而是指完全放下原本的工作領域，轉而投入一個全然不同的領域或行業。另一個問題是，在工作生涯的跑道上，有人會選擇按下「暫停鍵」，中斷原本的事務，給自己幾年的時間，去做一些完全不相關但感興趣的事情。對於這樣的人，你會如何定義或描述他們呢？以下，分享一個親身遇到的經驗。

生涯該及早定向嗎？

在我二十幾歲念研究所時，有一位與我同期入學的同學，名叫Lori，她是一位四十幾歲的媽媽。起初，我實在想不透，為什麼在同學年紀平均二、三十歲的班級裡，會有一位四十幾歲的同學？又是什麼原因讓她決定在這個時間點回到學校？直到有一次和Lori聊天，才知道她原本是一位非常出色的保險業務員，後來毅然決定轉換跑道。這下我的不解更深了，她工作得好好的，老闆沒給她壓力，人脈也都有了，這樣的超級業務員為何要換工作？

原來Lori從大學開始，就一直對心理學有著濃厚的興趣，但那時，她為了生活、為了家庭，在種種現實因素的考量下，選擇了一份對她來說容易有薪水進帳，可以幫助她解決經濟負擔的工作。

隨著時間一年一年過去，孩子逐漸長大，也順利進入高中，家中已經沒有其他額外的財務負擔，年輕時渴望就讀心理諮商領域的夢想聲聲呼喚著她。於是，在女兒十八歲生日當天，她決定做一件自己想做的事情——離開保險業務員的身分，回到學校念書，完成她年輕時的夢想。

當我聽到Lori的決定時，雖然很敬佩，卻也感到非常意外。心直口快對她說：「這樣也太浪費了吧！你過去十幾年來在保險業務領域所建立的資源和經驗，不就全都砍掉重練了嗎？」

還記得，當時Lori看著我，露出了一抹母親般慈愛的微笑，她說：「女孩，為什麼這叫做浪費呢？過去十幾年的經驗帶給我的是足夠的溫飽、足夠的金錢，那些在工作上的經驗建構了現在的我，我獲得了足夠的人脈和資源，它形塑了我形形色色的人際互動，我也學會了在生涯或在職場上如何克服、因應各種挑戰與轉折。當我現在踏進這間教室，重新當一個學生，我只是在這個時間點上，帶著過去的經驗，進入一個新的入口。我的過去並沒有浪費啊！」

當下，一股非常大的文化衝擊擊中我的腦門。原來，所謂的生涯，從來不是獨立的碎片一片一片散落於地，而是一片一片相互堆疊、積累成形。

職業樣貌各有不同，但「工作」的精神卻是相同的，都是帶著自己，投入「**為他人貢獻**，**找到自我實踐**」的路徑。如果我們能這樣看待，就會明白，在生涯發展上，其實沒有真正的「按下暫停鍵」。即使是選擇離職、回到校園進修，或決定展開「Gap Year」（空檔年），讓自己放個大假去國外打工度假，或是學習與職業沒有直接相關的課程，這些看似職業「中斷」或「轉換」的選擇，其實都是在「成為自己」的路上。這些經歷表面上看似「中斷」，實際上都是滋養自己、讓自己成為更能貢獻於他人的過程，是生涯培育的一部分。

選擇工作，有正確答案嗎？

Lori的話，帶給我重新反思的機會。社會上對於工作依然提倡「要趁早做出決定」，認為年輕時，就該及早立定生涯志向，清楚生涯規畫，否則就是浪費人生。當然，如果我們能在早一點的生命裡，就找到自己願意付出熱情、能感受到意義的工作，那是最棒的事，然而，有些人卻無法那麼快找到，這難道就是錯的嗎？

我在學校遇見許多孩子和家長都陷入高度的焦慮，他們在生涯的選擇上，只想選擇「對的」科系、「對的」領域。他們對我說：「老師，我不知道自己將來要什麼？我只想知道我要怎麼選才對，因為我好怕以後選錯。」

「如果你選了之後發現不適合，難道不能換嗎？」我總會這麼問。但接下來就會得到千篇一律的回應：「老師，怎麼可以換呢？換了，不就代表我一開始就選錯了嗎？」

年輕時就該做出職涯選擇，或許在從前的時代與社會脈絡下是最恰當的決定，然而，在這個變動性如此大的時代裡，面對生活、工作的多樣化與複雜度，這樣的思維真的適合嗎？

Lori的故事，讓我思索了好久——換了就代表錯了嗎？因為害怕選錯，這造成什麼樣的後果？

「工作一旦選擇了，就不能任意改變」這樣的迷思，往往讓我們更害怕做決定，更無法為自己的決定負責。這樣的心境下，人們更容易做出「大家都認同（期待）」，而不是「為自己負責」的選擇。人們不再為了看見自己的價值與意義而選擇工作，只為了符合外在的期待，或依照主流社會價值來做選擇，只想在所有的工作類別裡，分出「對的」與「錯的」。

一旦牽涉到「對錯」，就像是試卷裡的是非題，讓人更不敢輕易寫下答案，害怕最後的結果「是失敗的」，索性不做決定可能更安全。這心態基於「對害怕的恐懼高於對成功的渴望」、「只想依照主流的標準」，並將所謂「成功」定義得太過狹隘；也因為太過狹隘，認為只要不成功就等於失敗。

尋找工作的滿足感

阿德勒說：「有些人不管選擇了哪一種職業都不會感到滿意。（因為）他們想要的不是一個職業，而是確保其優越地位的方法。」

這段話像極了現代多數人的面貌，這些人對工作的追求，並不是基於內在的興趣或使命感，而是為了外在的地位和優越感。他們選擇職業的動機，也不是為了實現自我價值或貢獻社會，而是為了確保自己在他人眼中擁有更高的地位和優越感。這樣的心態會使人無法在任何職業中找到真正的滿足感，因為他們工作的重點始終放在外部的認同和比較，而非內心的成就和滿足。他們可能會在職業生涯中不斷追求更高的職位、更高的薪水或更多的掌聲，但這些外在的成就，是否真能填補他們內心的空虛和不安？這恐怕是如人飲水，冷暖自知了。

而我知道的是，在諮商的經驗裡，我見過太多這樣的個案，不斷地追逐職業上的名與利，卻一路感到空虛和痛苦。很多人不懂，明明自己的職業確實為自己帶來了財富自由（與眾人羨慕的眼光），但他們依然感到極大的痛苦。當然，「工作」的存在具有心理和社會性的價值，它可以提供我們生存和經濟的來源——這確實不能忽略，每個人都該為自己的生活努力；如果忽略這一點，就會變成他人的負擔。但如果在工作上只想追求「正確答案」（地位和優越感），只為了獲得外界的掌聲和評價（或只為了賺錢），那麼，就沒機會去思考真正使自己感受到價值與意義的工作是什麼了；一旦無法真心地投入，就永遠不會找到從事這份工作的樂趣與意義，而那種好似永遠都填不滿的空虛感，肯定如影隨形。

我的工作好痛苦，是因為我沒興趣？

「我們可以說工作上的成功，取決於社會適應。」

——阿德勒

許多人來做生涯諮商時，開口的第一句話往往是：「老師！現在的工作令我好痛苦！我完全不喜歡我的工作！我想一定是我沒有興趣的關係。」

確實，如果面對的是自己沒興趣、不喜歡的工作，那真會讓人覺得度日如年，甚至生不如死。但有時，我們在工作上感受到的「痛苦」，真是因為沒興趣嗎？

想想世上真有這樣一份完美的工作，讓人一開始就完全愛上嗎？倘若有幸遇到自己的「最愛」，真能保證在面對「最愛」的路上，完全不會感受到任何痛苦，不會有任何困難？說到底，世上又有哪一種工作，不會有任何困難與痛苦？

關於工作，愛與痛並存著

十幾年前，台灣的心理工作領域還不夠多元，我回到台灣，剛開始從事諮商工作時，只能選擇在「醫院」或「學校」工作。學校有其特定的職場文化，在這樣的環境執行「個別諮商」，和我原本在國外受訓的背景有很大的不同，因此，當時在適應上遇到了很大的障礙，也出現不少「文化衝擊」的情況。

我的工作裡，包含「諮商與行政」，這是整體的工作範疇。諮商令我愉快，在與人互動時，我喜歡那種看見他人緩緩改變、感受到生命力量的歷程；但行政對我來說，卻是辛苦的。面對很多庶務型工作，舉凡行政公文、例行會議、跨處室的溝通等，必要時還得承擔非相關背景主管所丟下來的不合理指令，面對職場上的繁文縟節等。那時，我也曾對周遭的家人、朋友抱怨，質疑這是一份辛苦又為難（難為）、吃力又不討好的工作；但，我就是不可能完全將諮商和行政切割，只挑自己喜歡和想做的來做——因為在學校工作，就代表我得負責的不只有跟學生會談而已。現實就是，工作裡，一定有愛與不愛的部分。

再仔細端看我的「諮商」工作吧，若你問我，每次與個案會談後，我都是心滿意足、成就感爆棚嗎？我會笑笑說：怎麼可能！再怎麼喜愛這份工作，也會遇到不好溝通的個案，或質疑我能力的家長啊！然而，當我們在工作上遇到挑戰和困難、萌生想逃的感受時，難道就代表我們對眼前的事物沒有興趣，代表這份工作不適合自己嗎？

網路上流傳著賈伯斯曾說的一句話「要能好好工作，是去愛你的工作」；我們也聽過「要選你所愛，愛你所選」，但這句話本身似乎也帶著緊箍咒，產生某種錯覺：如果我此刻在工作中感到苦，那麼，我一定是不愛我的工作了。但試問：有苦，就等於不快樂，等於不愛嗎？

在「挑戰」和「能力」之間取得平衡

我的女兒是個很喜歡唱唱跳跳的女孩，在她四歲的時候，我們送她去音樂班上課。她幼年的音樂啟蒙班，大多是敲敲打打，沒有太多技能方面的訓練和練習，所以，在她學習音樂的早期階段，是開心且享受的，每次都期待著上課，也總是帶著開心的笑容跟老師說再見。

一直到了女兒七歲時，她正式進入學習彈琴的課程。當她開始把手指頭放在琴鍵的那一刻起，學琴這件事，就成了我們家煎熬的歷程。

當時，女兒每逢週六要上音樂課，她在課程中聽過老師示範，也見過完美彈奏的模樣，她知道一段樂章理想上聽起來應該如何。然而，當她開始練習時，這才發現自己的技術與能力都太過侷限。每當她在琴鍵上「咚咚咚」敲出音樂時，總感受到極大的痛苦與困難，覺得自己的手指不如想像中容易控制，樂譜也不如想像中容易掌握，她所彈出來的不是「樂曲」，而是「聲音」，這令她陷入很大的挫折和挑戰。因此，那段時間只要一練琴，她就會不停地哭泣和生氣。

一開始我不懂，總以為學琴應該是開心自在的事，若令她如此痛苦，老是帶著壓力，那就一點意義都沒有。我問她：「要不要乾脆不學了？反正不會彈鋼琴，對人生也不會有影響。」沒想到卻換來滔天巨響，她嚎啕大哭、聲嘶力竭地跟我說：「我要學！」

這下，我明白了，女兒的眼淚不是不喜歡，而是因為她太挫折了，她氣惱年幼的自己，當下無法跨越技能上的挑戰。

由此，我想到，每當我們在工作上感到痛苦、壓力，甚至萌生想逃跑的衝動、質疑自己的能力……是否也因為對於理想的渴望太強烈了，使得痛苦感也跟著太強烈，以至於忘了自己是有可能喜歡這份工作的。（就像我雖然很愛文字創作，但也會有被稿債追著跑而感到痛苦的時候。）

「心流」*的理論告訴我們，在「挑戰」和「能力」之間保持剛剛好的平衡，人自然會感受到源源不絕的能量和熱忱，而那種覺得自己「愛與喜歡」的感覺才會出現。因此，一旦我們認為工作上的困難度過大，或是自己的能力不足時，就會以為自己不愛那份工作，而忽略客觀評估對眼前工作的喜好。

沒興趣，還是想逃避？

在日劇《鬼太郎之妻》裡有這樣一段情節：

身為漫畫家的女兒，看著父親面對自己的工作如此投入且熱愛，便堅信自己若在工作上也能像父親一樣地投入奮鬥，那麼，自己肯定是找到真愛。然而，當她努力地如願當上老師、開始教書後，她遇到各種挫折：冥頑不靈的學生、難以溝通的家長、不合理的教

*關於「心流」理論，請參考米哈里・契克森米哈伊的著作《心流》（行路出版）。

學體制，一切都磨去了她對教學與教育的熱情。不到一學期，女兒告訴爸爸：或許我沒那麼愛這份工作，或許當老師不是我的興趣，喊著要離職。

以往不管做什麼都會支持孩子的爸爸，這下卻斷然斥責了女兒，一點也不鼓勵她辭去教職。他說：「真的沒興趣，不是在你遇到挑戰的時候不做了，跟自己說沒興趣、不適合自己，而是在你已經跨過挑戰、克服困難，在你覺得自己能勝任後，依然感受不到自己的熱情，那時你才能說自己真的沒興趣。」

劇中父親說的這段話，一直都是我在工作上遇到挫折時重要的提醒。對於工作，不能始於完全沒興趣，但再怎麼有興趣，也不可能沒有困難。當我們想逃，不想再走下去，究竟是因為真的不喜歡？或只是不想面對困難？這真是需要自我省思覺察的。

如何知道自己是否真的不喜歡這份工作？先克服眼前的困境吧！只有克服了之後，依然感覺到少了點什麼，我們才能說自己不愛，不是嗎？

前面提到賈伯斯那句話的概念，乍看之下似乎在說，我們得對一份工作有愛，才能勝任這份工作。然而，我認為這句話後面應該再加上另一段話：「能讓人愛上自己工作的方式，就是持續地工作。」在不間斷的過程，創造出這份工作中屬於自己的意義和價值，如此，我們才會感受到那份喜愛。

這裡所謂「持續地工作」，不是要沒命似地橫衝直撞，直到自己頭破血流才叫做堅持，而是持續地發現和體會眼前這份任務對自己的意義和價值。這意味著，我們必須在每一天的工作中，找到那些讓我們感到充實且有成就感的元素，而不是盲目地投入時間和精力，導致身心俱疲。真正的堅持，在於不斷地調整和適應，也在過程中看見成長和學習。

選你所愛？還是愛你所選？

無論是選擇一份工作，還是面對人生中的各種抉擇，最終決定我們價值的，是我們對選擇的專注和堅持。只有專注於當下的選擇並投入其中時，我們才能真正找到工作的意義和滿足感，並在這條道路上走得更遠、更穩健。

你的態度，決定了你的價值

「一個人用什麼態度去執行他的工作，就決定了個人的價值。」——阿德勒

關於工作，究竟是選你所愛？還是愛你所選？這個問題就像是雞生蛋，還是蛋生雞一樣，沒有絕對答案。在此分享一個實驗，或

許能給大家一點答案。

二〇〇二年，哈佛大學學者丹尼爾・吉爾伯特（Daniel Gilbert）與珍・艾伯特（Jane Ebert）在校園內做了這樣的實驗：他們邀請哈佛準畢業生拍攝多張照片，作為畢業前的紀念照；接著，請這些實驗對象挑選出十張自己喜歡的照片，再請他們從這十張照片中挑出兩張最愛的，然後，從這兩張照片中，挑一張放在身邊，另一張則送去英國作為臉部辨識資料庫檔案。

表面上，這是個邀請學生們拍照並選出自己喜歡的照片的實驗，但事實上，學者將學生分為兩組。他們告訴實驗組，這兩張照片，你一旦選定留下來的一張之後，另一張就不能再更換了。所以，請確保你留下了自己最想要的照片。

至於對照組，他們則是告訴學生們，有五天的思考時間，不論現在選定哪一張，五天內都有機會反悔，可以換回另一張照片。

這個實驗的真正目的，並不是表面上說的「留下照片作為臉部辨識資料庫檔案」這麼簡單而已，而是在測試，當人們被賦予「可以反悔並改變」的選項時，對目前已經選擇的項目，感到滿意的心意是否如最初那般強烈且堅定？也就是說，當人們被給予「可更換」這樣的後路，不須死心塌地遵循自己最初的決定時，五天內，這些人的心境是否會有改變？是否依然對自己的決定感到滿意？

究竟是「死心組」會覺得當初選擇的這張照片是最滿意的，不會心繫著被送出去的那一張照片？還是「可換組」會堅定認為自己最初的選擇是最滿意的？你認為實驗的結果如何？

有趣的是，實驗的結果發現，在「死心組」裡，多數人不論過了幾天，依然認為自己當初留下的這一張照片是最好的、最滿意的；而對「可換組」來說，不論他最終是否做出「更換照片」這個行動，都發現，在三天後，多數人會惦記著被送出去的那張照片，而對眼前的這張照片似乎比較不滿意。

抉擇時刻，投入專注與堅持

讓我們先撇開實驗的部分不談，將焦點轉回生活中。你是否有過這樣的經驗，週五的晚上好不容易可以放鬆，打開串流平臺，想挑一部好電影來度過輕鬆的週末夜；結果打開介面後，除非一開始就鎖定自己想看的片，否則多數時候，我們停留最久的反而是在瀏覽標題和預告片上，甚至還會認真閱讀別人留下的評論，反覆瀏覽，就怕自己真的「浪費」了時間。但結果呢？三十分鐘、一個小時過去了，我們依然無法下定決心，困在「太多選擇」的狀態下，反而真正蹉跎了時間。

波蘭社會學家齊格蒙・包曼（Zygmunt Bauman）稱這種現象叫做「液態現代性」（Liquid Modernity）。太多的開放性，讓我們無法真正穩定地願意在一件事情上承諾；而長期無法承諾的心境所帶來的是，我們對自己的選擇衍生更多的不滿意。

前面提到哈佛大學的實驗也反映了此一現象：我們總希望自己在人生的選擇中有更多選項，認為如果可以留下後路，我們會因為更安心，而感到更愉悅，如此一來，我們就不須擔心自己「做錯決定」而後悔。但實驗結果並非如此。實驗發現，人們更傾向於做出可改變的決定，而不是不可變的決定，但人們卻沒意識到，當我們做出了「不可改變」的決策時，反而會更加滿意。實驗的結果發現，那些有機會改變主意的人比那些沒有機會的人，更容易對自己留下的照片不滿意。

那麼，回到工作與生涯的抉擇上，多數人是否也容易陷入這樣的困境？真正的問題不在於是否「做錯了決定」，而是在做了決定之後，難以堅持「專注」的態度。就像俗話說：「吃在碗裡，看在鍋裡」，越選越覺得可能選到自己不滿意的爛水果。簡言之，無論是選你所愛，還是愛你所選，關鍵在於對自己所選的投入專注與堅持。

不只是工作，面對人生的各種選擇都一樣。阿德勒的理論告訴我們，選擇的態度決定了我們的價值。確實，在面對工作的選擇時，初期的興趣是重要的，否則，我們難以往下探索。但在進行深入探索後，我們是否願意多一點耐性、多一點相信、多一點等待？在這個凡事講求速成、速效的時代，許多人都忘了，真正的「成功」得在過程中穩紮穩打，一步步累積經驗而來，任何專業技能都是如此。

當我們秉持足夠的耐性來等待，減少用負面眼光看待自己所選的，便能專注於自己的選擇，並投入時間和努力，從中獲得成就感。

因「痛」而啟動，因「夢」而持續

對於未來的規畫，我們究竟是先築夢，才有方向實踐？還是因為生命中有某些想要填補的「痛」，而驅使我們實踐呢？這裡分享我個人的經驗。

用「夢」啟動人生，想要卻未必需要

我高中時期就開始選修日文作為自己的第二外語。從那時起，我一直盼望著有一天要到日本念書，但這個夢想至今仍未實現；即使後來進入大學與研究所，我在澳洲、美國兩個國家繞了一圈，但我的日本留學夢，始終停留在「做夢」狀態。

我也曾想著有一天要報考日文檢定，當作給自己的日文能力評鑑。而這個「想」也從沒發生，從早期日文檢定分成四個等級，到現在十幾年過去了，日文檢定改為五級，我還是沒去考過。

不論是到日本念書，或者報考日文檢定，都只是我的 nice-to-have（有，很好），而非 must-have（必須要有）。因此，夢想只停留在「夢想」的階段——有興趣卻沒有需求，中間的阻礙或現實考量變多了，行動力就被消磨光了，所以永遠沒有真正實踐的一天。

當目標只是「夢想」時，往往也只停留在「空想」階段。

用「痛」推進人生，奮力卻不享受

我念完研究所後，回到台灣開始工作。進入第一份工作時，前輩帶著初來乍到的我拜訪各處主管，因為資淺、沒經驗，當時真的受到很多幫忙和提點，直到某天接了一份跨部門合作的任務，現實的震撼教育才接踵而來。那天在會議上，在我發言後，另一單位的主管連頭都不抬，只用一種輕蔑的口氣說：「你？你真的可以做到嗎？你才剛畢業，自己都還是個學生不是嗎？你有可能做到嗎？」

當時的我，臉上一陣紅一陣青，有種熱熱的羞憤感，雖保持禮貌的回應，表達自己的能力，但心裡氣壞了！這個主管憑什麼瞧不起人！他又知道我什麼了？我覺得我的痛處被他狠狠地踩上一腳。之後，就是憑著這股不甘心的痛，加上被輕視的怒氣，推著我沒日沒夜地執行任務，我一心只想證明自己：我！可！以！

其實，我原本對那項業務並不感興趣，但實在不甘心，所以用盡全力，拚了一切也想把這份工作做到極致，以證明自己的能力。最後，任務順利完成了，也獲得很好的評價，那樣的表現可說是狠狠打臉了那位主管。

有了這樣的結果，照理說我應該很開心吧？但說來奇怪，我的愉悅只存在半天而已，隔天我休假在家，狠狠睡上一整天，原本活動成功的喜悅感消失了，取而代之的是一種莫名的空虛，一種「啊～終於結束了」的解脫感。

一開始奮力堅持的目標，未必能在成功後帶給我發自內心的喜悅與滿足。或許人生有時是這樣的，不甘心的痛楚，推著我們用力往上走，但卯足了全力，最終的結果卻未必是享受，只是化去心有不甘的憤怒而已——用痛推進的人生，就算做到，也未必享受。

「痛＋夢」，展開最好的行動

有夢想，卻不夠有續航力；有痛楚，卻未必帶來享受。如此說來，關於生涯與人生目標，究竟該怎麼設定才好？

曾聽聞這句話：「推動人行動的原因有兩種，不是『夢』就是『痛』。」不論是「夢」或「痛」，都有機會產生動能，往目標邁進。然而，我的經驗告訴我，有時光有其中一種未必足夠。

「有夢無痛」的目標，就是nice-to-have——擁有了很好，但沒有也未必重要。如果夢想不夠真實，不切實際，能展開行動的機會相對較低；或者就算真的開始了，續航力也可能很低。

至於「有痛無夢」的目標，可能是must-have——是一種不得到不甘心，即使不得已，也必須要有的強大驅力，但最後目標往往會變成枷鎖，不甘心就不放手。過程中遇到的阻礙混雜著困境，容易引來內心埋怨，甚至得到之後，可能不明瞭所為何物了。或許，最好的行動，需要「痛十夢」的組合。

- **痛**：就是阿德勒所謂的自卑與不足感受，一種你會渴望翻轉它，超越困境的能量。它會刺激人們想要克服，想要補足，想變得完美的內在渴望。
- **夢**：就是阿德勒所謂的虛構目標，一種你在還沒實踐前，就已經在內心假定會成功、會達到的美好境界，也是令人嚮往、期待的目標。

結合這兩者之後，人因痛而啟動，也因夢而持續。有了啟動，也能持續後，行動力才能源源不絕出現，最終得到了成果，達成了目標——那是一種能肯定自己克服困境的賦能感，也是一種能享受甜蜜成果的成就感。有勇氣承受過程中的疲憊，也享受成果的美好，就是最棒的自我實踐歷程。

活在當下，面向目標

曾看過一部日本電影《愛哭鬼的棋蹟》，說實話，那是個老套的勵志故事，甚至，我不確定這部片裡是否有任何「勵志」的成分?!故事大致是這樣：

主人翁從小立志成為「將棋職業棋士」，自小學開始，大半的年少時光都選擇在棋院裡與棋友、棋盤為伍，然而過程卻起起伏伏。隨著年歲增長，殘酷的年齡限制一到，就得被迫離開「職業選手」這條路，走向一般人的生活樣貌。然而，主人翁離開棋院後，因緣際會下，反而以業餘選手的角色再度重返將棋圈；連勝多場後，另闢了職業棋士之路，迫使日本將棋職業公會打破慣例，為他設定新的規則。最終，主人翁不負眾望的破格，成為日本將棋史上第一位超齡將棋職人。

整部片沒有太多慷慨激昂、激勵人心的鋪陳，也沒有扣人心弦或痛徹心扉的橋段，唯一的特色就是「漫長的等待」。主角在等——

等自己實踐夢想！配角們也在等——等著自己或親友實踐目標！而身為觀眾的我也在等——等著看看主角何時才能真正達到目標？等著劇情發展是否有更多轉折？等著這部戲裡，所謂的「奇蹟」會如何發生？捺著性子等待，換來的結果是，劇情落幕的那刻，心情矛盾而複雜。雖是正向的結局，卻有種「啊？原來就這樣結束了?!」的失落與無奈感慨……

但說也奇怪，這樣漫長的等待中，還是有些許片段能引發淚水輕輕地在眼眶轉動——沒有痛哭流涕的反應，只是淚水輕輕地抹上眼角，又悄悄溜過的細微鼻酸。

在踏出戲院的路上，我反覆想著：「這漫長的等待心境，偶爾伴隨些莫名的眼淚，不就是多數的我們在面對生命階段的態度與感受嗎？」

看見「過程」的價值

人生一場，是否該捺著性子去度過一連串事件的積累，等著目標實踐的那一刻，才能確定自己走的路途有其價值？若是如此，假設前述故事裡的主角，如同其他被迫轉換跑道的棋友一樣，沒有機緣得以回到當初所選擇之路，那這一路走來，是否就是搭錯了車，虛擲了光陰?!或者，人生應該如同廣告詞說的：「就該浪費在美好的事物上」無須擔憂後路，只要恣意享受當下的美好？若是如此，又怎能知道在抵達終點前，我們有激發出無限潛能的機會。

原來，劇終落幕時，我感受到的遺憾，不全然是因為故事就這樣結束了，而是在故事鋪陳中，感受到那些陸續被迫或自行淘汰、離開將棋之路的配角們，在選擇離去之時，對生命一路以來的否定。

同時，我也遺憾自己過於執著電影結局的發展，而忽略影片中每個細節的美好。或許，生命的遺憾，是因為我們都執意把每一刻的努力，視為達到最終目標的鋪陳和投資，以至於太過在乎結果，而看不見過程中每個片段都具有價值與意義；太過依結果論斷的生命歷程，使我們認為「過程」是一種忍耐，而無法真正體驗當下。

與當下連結，朝未來而去

設定未來目標很重要！因為它提供了我們生命的概略方向，讓我們在人生道路上，不至於迷惘、搖擺不定。但在航行的路上，感受每一刻的經驗也很重要！唯有當下與自己的每一種感受連結，才能避免在生命轉彎處，看不清來時路。

阿德勒心理學強調生命歷程的整體性；人生軸線上沒有絕對，未來與當下一樣重要。沒有當下的連結——也就是身處社會環境中的我們，能扎實地與當下場域共處的能力；沒有未來的方向指引，我們便無法踏出穩健的步伐，朝確定的方向前進。

在電影映後訪談時，導演說：「這部片中所闡述的『奇蹟』並非是主角最後的結局，而是在主角人生路上，他一路所遇見與各種人的『際會』！」就是與他人的各種因緣際會和人際互動，這正是阿德勒所提倡的，**人邁向圓滿之路，應該是展現對社會的興趣、與他人的連結和社會共融感。**

此刻，當再次回想起這部電影的劇情鋪陳時，我依然會說「這部片子是個老套的戲路」，沒有火花、沒有激昂，更談不上激勵人心。但它之所以老套，正因為它就是我們每個人生命的仿寫，不一定有太多情緒激盪處，卻留下許多細細思量和感受；它朝著一個目標發展，也留下許多片刻的眼淚。

唯有感受當下，同時面向目標，才能體會人生的意義與價值。

探索職涯，擁抱生活的幸福感

「我們無法保證每一個抱持正確態度的人，都能成功地度過一生。但，我們可以確定的是，他會具備勇氣，且不會失去自信。」——阿德勒

生涯與工作，就像是一條河流，總有曲折、起伏和多變的路徑。有時我們面對的是順流而下的坦途，有時則可能遇到逆流而上的挑戰，不論是成功或挫折，每一步都在匯聚我們前行的力量，積累經驗和智慧，推動我們不斷前進。

賦予工作意義和價值

人，要堅持走自己的路真不容易。有時好不容易找到屬於自己

的路了，卻可能因為「大眾的眼光」而考驗信心，備受煎熬。但說到底，如果連自己都不相信自己，還有誰會相信你呢？

超越自卑，不倚賴他人認同

這幾年因為工作角色的變化，一對一諮商工作不再是我唯一的工作樣貌，寫作、演講，也納入我的工作範疇，「斜槓工作」成了我目前的工作形態。我用自己擅長的方式，將心理學相關知識傳遞出去，希望大眾透過我的文字或語言獲得幸福感受，是我一直努力的方向。

然而，只要出書寫作，必然得接受市場的考驗。因為這樣，我也不止一次問自己：我真的適合走在寫作的路上嗎？說真的，我熱愛著自己產出的每一段文字、每一句話，但每當看著自己的作品的同時，又害怕直視它們——因為太炙熱地看，彷彿會看見這些在輸送帶上的書寶寶，預備要送往聚光燈下，但後面的書寶寶一本又一本蜂擁而上，於是我的書寶寶就會來不及發光，直接被擠出輸送帶，掉在地上！掉下去的那一刻，聽見的還不是清脆的「啪嗒」聲！（如果是就好了，這樣至少還會被聽見。）

若用陳夏民老師在《工作排毒》一書中的描述來說，這些書寶寶們都是我「曾經抱著『一定會受喜歡』的信念所製造出來的商品，另一方面，他們卻滿身擦傷，佈滿夢想被世界狠狠拒絕的痕跡。」

「把熱愛當作工作，是要付出代價的。」夏民老師這樣說。但他沒說的是，我會付出代價，是因為我過分地將我每一本作品的「回響」視為我唯一的成績單與意義。這讓我變得對文字又愛又恨，對市場又愛又恨，對自己又愛又恨，也對協助我出書的每一位編輯、工作夥伴、出版社抱著無比的歉意。這些愧疚感和自卑感常常在書籍出版後，一點一滴吞噬著我的專注、自信、對世界的信任和繼續嘗試的勇氣。

任何過度等待外在給予意義的人，或過度信奉努力主義的人，恐怕會跟我一樣，一旦外界沒有給予我渴望的回應，就認定是「我」的問題——一定是「我」還不夠努力，才讓「我」沒法受人喜歡……總之千錯萬錯，都是自己不夠好。所以只要繼續衝、繼續找、繼續撞，一定會有證明自己的方式。然而，持續地衝撞，卻換來更大的疲憊與痛苦，也更加失去為自己尋找意義的能力。

用阿德勒的語言來說，我的自卑感透過書籍的銷量不如預期而放大了；而我越想透過「書一定要賣得好」來當作克服自卑的成果，越是作繭自縛。就像本書開頭所說的，自卑就是一種人人會有的心境，這種感覺源於我們內心對完美和卓越的追求。重要的是，如何應對自卑感——是被它壓垮，還是將其轉化為超越自我的動力。

當我過分依賴外界的認同來定義自己的價值時，就容易陷入無盡的疲憊和自我懷疑中。我能做的，是去找到內心的平衡，賦予自己工作的意義，思考我的著作與文字對大眾（社會）產生了什麼樣的幫助，才能真正超越自卑，找到屬於自己的工作意義。

換言之，**自己的價值和工作的意義，得自己給予！**人不一定時時刻刻喜歡自己的工作，也不一定總是熱愛自己的生活，但要能為自己的生活賦予價值和意義；要相信，我們所做的工作，一定有「自己」才能做到的部分，不是任何人可以取代的。因此，就算別人不一定看見，你也得比任何人更看重自己！

在挫折中，找到堅持的理由

「有時最困難的路，往往也是最直接的路。」——阿德勒

任何工作，都有吃力不討好的一面；甚至，即使你在崗位上秉持著「認真工作」的原則，仍然有人會討厭你、針對你、不喜歡你。說到底，工作不可能分分秒秒都是愉快的，就算再熱血的任務，也有厭煩的時候。

確實，不是每份工作都會讓人高高興興地出門，開開心心地回家；即使有再多的熱忱、再高的興致，一旦遇到困頓、挑戰或疲憊時，難免會心有餘而力不足，找不到動力堅持下去。

過去我在帶領專業人員訓練時，曾遇到學員這樣問：「老師，您做這份工作，沒有疲憊的時候嗎？如果遇到了，您是怎麼堅持下去

的？」

嗯，是啊，我也有疲憊的時候。比方說：努力陪伴的特殊生，因為進步緩慢，達不到父母的期待，讓父母毅然決定不顧孩子的意願和我的建議，直接終止諮商；好不容易看見個案有些起色，卻被老天爺開了個玩笑，無預警地遇到更大的挑戰，再次陷入谷底⋯⋯助人工作，沒有所謂「業績」可以計算。個案沒有「出事」才是我們的績效，所以也很容易被認為是「沒在做事的一群人」。個案的人生軌跡有太多起伏更迭是不可控的，諮商的過程一定會遇到無法改變的困境或不願改變的個案，總有使不上力的無力感。這樣的挑戰若在短時間內接連發生，就會令人感到格外辛苦、疲憊⋯⋯

對職場菜鳥來說，剛投入一份工作，想必大多是抱著使命感與期待進入工作場域。然而，即使是電量滿滿的手機，用著用著，電量也會慢慢地流失，更別說是工作能量了。

我曾在工作上遇到一段低潮，那時的我跟個案互動不太順利，在同事間的溝通也不順心，甚至被質疑我在做的事可能一點價值都沒有。那段時期的我，每天醒來總會想：我到底適不適合心理諮商的工作？或許我沒有自己想得這麼厲害？也許我該思考別的出路？

還在擔任全職工作時，某個星期天下午，我陷入收假症候群，想到隔日又要回到辦公室而感到焦慮、厭煩……當時隨手拿起遙控器亂按，恰巧看到一位消防員的訪談。記者問他：「從事消防工作既危險又辛苦，待遇也不高，還經常遇到不合理的對待，這麼吃力不討好的工作是如何堅持下去的？遇到挫折疲憊時，又是怎麼走過的？」

這位年輕的消防員靦腆地說：「我的工作當然有做不下去的時候啊，但每當做不下去時，我就會提醒自己：我在做的是一份積福報的工作！別人積福報，可能要去當志工，要自己花錢、花時間去努力，而我的工作，不用額外花錢、花時間，就可以積福報，甚至還有薪水，這樣我還有什麼撐不下去的？」

聽到這段話對我猶如當頭棒喝，完全觸動了我，讓我從另一個角度來看待工作；即便已經過了十多年，這個訪談的畫面我依然記憶猶新。很多時候，我們往往期待先「看見意義」才願意走下去，卻忘了，「意義」得自己賦予；若不刻意去覺察，可能永遠都看不到。

日劇《祕密內幕，女警的反擊》裡，菜鳥女警「合川」有次在職場上遇到莫大的挫折，撐不下去了，於是問她的前輩：

「你過去曾有辭職的念頭嗎？」

「有啊！」前輩說。

「那你為什麼能堅持住？」合川繼續問。

只見前輩沒有太大表情，淡淡地說：「因為這是一份總得有人來做的工作啊！所以就讓我來做吧！」

工作上的挫折與阻礙，誰沒有呢？遇到時，我們需要的，可能是一點點傻勁，一點點單純的相信，刻意為自己找到堅持的理由和動力。有時，這份動力來自於對工作的熱愛，有時，則來自於對社會責任的承擔，或是為了讓自己和他人的生活變得更好。不論是什麼，總之，自己得夠相信。如果自己都無法說服自己，等著他人的認同或說服，那是很辛苦的。

工作中的低潮和挑戰是難免的，但重要的是，我們如何看待這些挑戰，並從中找到繼續前行的力量。無論是積福報的消防員，還是總得有人承擔任務的女警，他們的故事都告訴我們，只要找到自己的意義和價值，就能在困難面前堅持下去，最終找到自己的方向和滿足感。

讓人發光發熱，就是美好的工作

「如果一個人真正做好自己的工作，並致力於對他人做出貢獻，那麼，他就和其他人一樣有價值。」——阿德勒

說到這裡，那麼，該如何判斷一份工作適不適合自己？關於此，我想分享日文中「生きがい」(Ikigai)一詞的概念。生きがい在日語中意指「**生活的意義**」，是一個哲學概念，用意在幫助個人找到生活中的快樂和滿足感。具體來說，Ikigai是由四個重疊的圓圈組成的文氏圖，代表四個不同的元素：

- 你喜愛的事（興趣）
- 你擅長的事（天賦）
- 你可以獲得報酬的事務（職業）
- 世界需要的事物（社會所需）

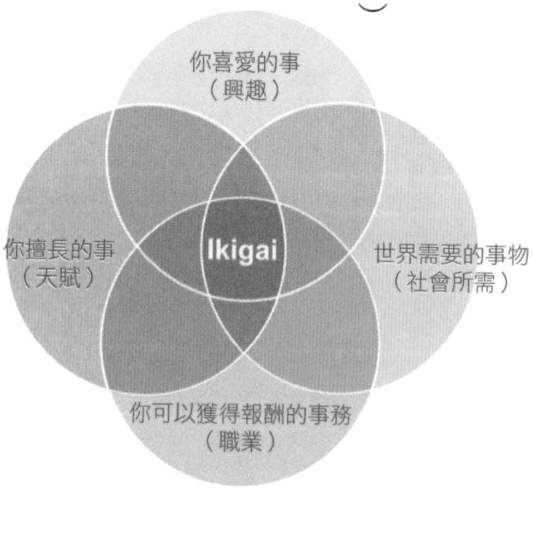

當這四個元素交集於一點時，即為你的「Ikigai」，也被視為人們在生涯發展與探索的重要指引。這個概念強調的是**個人生活的整體幸福感**，而不是單純的職業選擇。這樣的概念，亦可簡化為「**天賦＋興趣＋社會所需**」，也就是專注於個人能力、個人喜好和社會需求的交集；這三個元素重疊，同樣能幫助個人在生涯發展中找到方向，甚至是個人的使命和任務。這種簡化的模式常見於生涯規畫和個人發展的討論中，而且更貼近阿德勒談生涯、工作任務的概念。這三個元素強調的是：

- **天賦（你擅長的事）**：個人能力和特長，無論是天生的，還是透過努力獲得的。
- **興趣（你喜愛的事）**：個人熱情和喜好，能持續投入的活動。
- **社會所需（世界需要的事物）**：社會或他人需要的，能對他人或社會產生正面影響的事物。

這三個元素重疊，可以幫助個人找到既有意義又滿足自身價值感的生活或職業方向。當我們仔細想想，現今生活樣貌多元又豐富，不再能把單一職業視為唯一標準；但我們會發現，許多能持續下去的工作，都符合這三個要素。

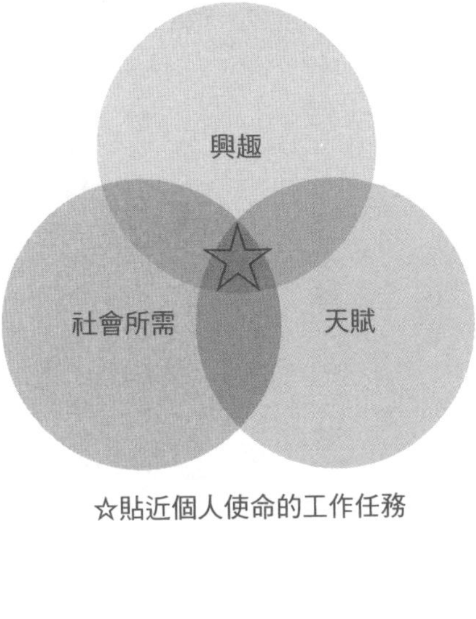

☆貼近個人使命的工作任務

讓我們再次回顧阿德勒心理學中對工作的定義：工作是對自己和他人有貢獻、有投入感的事情。當我們在工作上，克服了眼前的障礙，也完成了任務，進而能感受到一股屬於自己產出的能量，知道自己在做這件事情時有意義與價值，如此，或許就能說，這是一份適合自己的工作！

或許，真正快樂、美好的工作，不是那些做起來臉不紅、氣不喘，沒有疲憊、也沒有壓力的工作，而是執行起來令人產生幸福感，且當你投入其中時，即使疲憊、辛苦，依然能感覺到自己正在發光發熱的工作。而工作中那個發光發熱的過程，是靠自己的意志去創造出來的。這種快樂，來自於我們對工作的投入和專注，以及在這個過程中找到的意義和價值。正是這些意義和價值，讓人們在面對困難時依然保持動力，並最終達成目標。

關於工作，沒有人能百分百知道自己當下在做的事情，是不是真的「最好」，也沒有任何一個人能用「上帝視野」告訴我們最終答案。但當我們帶著個人「使命」的態度走在生涯之路，並且給予足夠的時間醞釀發酵，一步一步踏實努力地走下去，或許十年後、二十年後，時間拉長了，我們依然做著想做的事，對著需要我們的人持續努力；或許那一刻，就能了然於心、也無愧於己地說：我真的走在自己的工作之路上了！

Chapter 7

生命任務 ③

愛與親密關係

——用心經營，打磨出幸福的樣貌

在愛裡，我們感受到彼此的接納與歸屬，
透過情感流露的連結，展現合作與共同支持的態度。
愛與親密，是雙人舞，也是兩顆平等心靈的碰撞與融合的過程。
在磨合中，練習扶持與合作，也藉此感受自我價值。
愛與親密，不能單靠激情和浪漫，
而是需要在現實的挑戰中，用心經營與修復。
最終，唯有在愛裡願意相信的人，
才有機會找到屬於自己的幸福。

愛情不是萬靈丹

你認為，愛與婚姻是人生課題的「選修」還是「必修」？前來諮商的個案裡，不少人是帶著「婚姻」或「愛情」相關議題來求助的。不論是渴望「愛人」還是「被愛」，人們總不停地尋覓，兜兜轉轉間，依然找不到答案。甚至，當愛情進入婚姻，從愛人變成了家人，人與人之間的親密關係轉換了跑道，我們開始對愛情的樣貌感到模糊。

愛情是高度的社群情懷

在愛情與親密關係、甚至是婚姻的追逐中，你是否想過自己追求的是什麼？說到底，人類似乎是少數動物中會在生命裡尋求「愛情」的物種。

我們從青少年開始，甚至是更幼小的時候，都受到那種「尋尋覓覓」、「相依相偎」的感受所吸引，追求刻骨銘心的戀情，古今中外皆然。古人說：那是一種「直教人生死相許」的感覺。想想，似乎也只有人類會因為愛情的牽扯，求生尋死的。

柏拉圖在《會飲篇》裡這樣說，從前的人，原本有四隻手四隻腳，頭上也有兩副面孔。而後因為觸怒了神，人被劈成兩半，自此之後，人們都存在著一種隱約卻說不出來的情緒聚積於心中的空洞——因為留下的這一半，一心一意想尋找自己被分開的另外一半。於是柏拉圖說：人類如果要覓得幸福，只有一條路，就是去找到那個恰好和自己匹配的另外一半。

或許人世間的愛情即是如此。我們出生後，就在無意識中瘋狂地尋覓失落的另外一半，藉以填補自己心中說不出的那個不完整——那個失落的空洞。這樣的追求，柏拉圖說就叫「愛情」。

用愛情填補心中的陰影

不論你是否認同，我們確實很難找到一個能被驗證的理論或公式，來解答所有愛情的誕生和隕落。但是，若從阿德勒的哲學觀來理解人類在情愛中的行為表現，或許能得到一些不同的思維。

從阿德勒心理學的角度來看，**人們在情感關係裡的追求，很多時候也是我們在無意識下對「自卑感受」的補償與追求**。

從出生開始，人們就在自己所屬的群體中努力尋找依附對象。我們從追求家庭的愛出發，隨著成長，逐漸從不同的對象中滿足這樣的歸屬感。我們會在伴侶的支持和認同中找到自信和安全感，這種情感支持能幫助我們克服個人的自卑感受，使我們更有力量去面對生活中的挑戰。

通過愛情，人們可以在親密關係中找到自我價值，並感受到自己的重要性和不可替代性。因為愛情是一種強烈的情感聯繫，它超越了個體本身，將兩個人緊密聯繫在一起。因此，在阿德勒的觀點中，愛情本就是一種社群情懷的高度表現。健康與平等的愛情，需要個體超越自我，關注他人的需求，並在關係中尋找共同的幸福與成就。愛情中的互相支持、理解和共同成長，正是社群情懷在親密關係中的具體展現。

相互扶持，超越個人需求的愛

我們在成長的過程中，鮮少學習到所謂「超越個人需求的愛」是什麼樣貌。大多數人總把「愛情」看作是滿足自卑的萬靈丹，而這樣的現象，其實不難理解。

環顧我們周遭的通俗文化，幸福與愛情常被畫上等號。戲劇與故事讓我們以為，當人們經過愛情的洗禮，步入婚姻，打造兩人的世界與王國，就彷彿寫下自己「幸福與快樂生活」的專屬劇本，如同人生的終極成就。在這樣的影響下，不難想像，許多人以為找到完美的另一半，覓得良人，擁有愛情的歸屬，就是找到幸福的青鳥。無論是誰，都可能抱持著這樣的價值觀，認為找到好伴侶，就是自己成功的第一步。然而，這樣的心態卻可能使我們更容易在愛情裡受傷，一路跌跌撞撞。

渴望愛情救贖，但愛不是解方

「愛情不是萬靈丹，它不能夠解決任何問題。事實上，愛情本就有各式樣貌，它會帶來各種問題。」——阿德勒

人很容易在無意識下，藉由愛情滿足自己缺失的一塊。若說自卑是我們心中覺得缺失的那個陰影，那麼，想用愛情來彌補那個陰影，並不難理解。因此，許多人會在另一半身上追求自己在愛情裡的理想樣貌——或許是渴望被以特定方式對待，抑或尋找一個以自己可接受的方式對待自己的人。只是我們必須理解，愛情的核心在於彼此互相扶持，共同前進，而不僅是為了填補各自心中的空洞。

選擇伴侶，與早期生命經驗有關

請想想，你是否遇過這樣的朋友，他們對愛情與婚姻充滿了各種想像和期待。比方說，他想像的伴侶樣貌，是一個能無話不談、

無所不分享的人，甚至在潛意識裡，是一個能帶他脫離生命泥沼的對象。這樣的人可能來自管教特別嚴格的家庭；或剛好相反，他的父母總是不太管他，以至於他常覺得家裡沒有溫暖；抑或者有各種其他原因，讓他想在另一段關係裡，彌補或脫離自己在原生家庭裡的經驗。這樣的彌補未必是刻意的，可能是在潛意識下自然形成的；不論是什麼，這些對另一半的喜好，多半跟早期生命經驗的堆疊有關，也與滿足自己的渴望有關。

愛情與婚姻，能為生命解套嗎？

有時候，我們問一對伴侶，你們會彼此吸引，甚至決定進入婚姻的理由是什麼？經常會聽到這樣的回答：「因為我在他身上，感覺到以前我爸媽無法給我的愛。」、「我從他身上獲得救贖。」又或者「我們是個性上可以互補的人。」甚至，你可能也曾看過，有些人在自己生命不順遂時，會想著如果能找到理想的戀愛對象，然後趕緊步入婚姻，正在經歷的生命困頓就能有所改善。我遇到的個案就曾這樣說：「我爸媽很傳統，我唯一能離開自己家庭的方式，就是結婚。當我進入另一個家庭，或者擁有自己的家之後，就能名正言順地離開原生家庭，擺脫一直施加在我身上的責任與負擔。」好像「愛情與婚姻」會在不知不覺中，成為我們生命裡的解套方式。（你也一定聽過，在談戀愛時一直爭吵不休，或總無法產生共識的伴侶，卻被別人勸誡說：「沒關係，或許你們趕快結婚就好了。」這種不可思議的言論。）

還有另一種情況，許多人會進入愛情與婚姻，是因為「大家都如此」。「大齡女子」、「單身公害」、「四十拉警報」這種負面標籤襲擊著許多沒有進入穩定情感的人們，讓他們把「時間到了就該結婚，就該談戀愛」等刻板言論當作準則，擔心如果不這樣，自己就會被視為異類。

許多人就這樣不明就裡地進入愛情與婚姻，抱著過度理想化的期待（老實說，幾乎是幻想了），卻沒預見到兩人相處中，真正的問題與困難往往比單身時更為嚴峻。當兩人的生活緊密交織在一起，原本看似簡單的問題，也會變得更加複雜又難解；當現實中的矛盾與摩擦不斷累積，他們才驚覺愛情並不能解決所有問題，甚至可能帶來更多挑戰和失望。因為真正的愛情，本就是兩個不同性格的人的磨合；而實際的婚姻，也是兩個不同家庭系統的碰撞，不可能完全無縫接軌、沒有摩擦拉扯。

愛情濾鏡，放大了美好想像

確實，一對戀人在初見彼此、興致高昂的時候，情愫豐沛，過多的浪漫因子和感性因素，使人無法客觀、真實地看見對方的完整樣貌。因為初識之時，對方能滿足我們的特點被放大了——與其說愛情使人盲目，不如說是愛情濾鏡放大了我們只想看見的那面。

然而，當愛情的時程拉長，曾令人心動的理由，會因為生活或婚姻裡的柴米油鹽醬醋茶而磨損了光芒。當愛情褪了色，婚姻自然變得黯淡。眼前的完美男（女）神已成了普通的凡人，那些令人深愛的特點，成了厭倦的理由——婚前的溫和善良，成了婚後的優柔寡斷；婚前的果敢豪邁，成了婚後的蠻橫霸道。這不是對方改變了，事實上，良人（賢內助）從未改變，改變的一直是自己的眼光。

諮商經驗告訴我，許多伴侶在愛情與婚姻裡的追求，其實是不夠客觀的。有不少人透過愛情的追求，試圖填補內心的缺憾或解決外在問題（簡單說，就是追求虛構目標），其中藏著危險性，會讓人不自覺想用一種理想化的標準來尋找伴侶，也會忍不住將另一半套入一種完美的框架或角色，如同將我們的伴侶完美化或神格化。

阿德勒說：「別期待他人不可能的完美，因你也不可能達到。愛一個女人，而非天使；愛一個男人，而不是男神。」將心儀的對象神格化是很危險的，這讓愛裡面包含了過多不合理的期待；一旦熱戀降了溫，眼前的男神、女神就會直接從神壇跌落，然後，我們陷入對愛情失望的輪迴，感到困惑、不適或痛苦難堪，殊不知，這往往因為我們從沒識清「愛與親密」、甚至是「婚姻」的本質。愛與婚姻的本質，其實是「相處」，是思索兩人能共同面對生活難題，持續前行的努力過程。

愛，是跳一支雙人舞

阿德勒曾用「雙人舞」來比喻親密關係的經營與互動，在著作中不止一次提過：「若要讓兩人練習在愛中相處，就讓他們學習跳舞吧！」因為親密關係的相處，如同雙人共舞一般，是一種合作共處的歷程，需要兩人專注對方的脈動，相互凝視，用心聆聽，搭配彼此的呼吸頻率。

愛與婚姻，是一份任務

「在婚姻裡，需要對另一半產生興趣，並有同理對方的能力。婚姻是兩個人的任務。」——阿德勒

婚姻，是人類社會中最古老、最普遍的制度之一。無論是古代

還是現代，無論是東方還是西方，婚姻都被賦予了深厚的文化內涵和儀式。每個國家、每個民族都有自己的習俗來慶祝這一重要的生活事件。而這些習俗，不僅僅是儀式，更蘊含著對婚姻生活的智慧和期待。

美好婚姻，建立在合作與默契上

阿德勒在著作中提到，在德國的某些地區留傳著一種有趣的習俗：一對準夫妻會被帶到一個廣場上，廣場中央會放置一棵樹木。這對新人的任務是攜手共用一把鋸子，將眼前的樹木合力鋸成兩段。這個傳統習俗不僅是婚姻儀式的一部分，更是對即將步入婚姻的新人的一種預測，預示也提醒他們在婚後的互動模式與合作能力。

此刻，邀請你一起來想想以下這些問題：

- 你和伴侶要完成這項任務，依照你們平時相處的互動模式，會採取什麼樣的方式來完成這項任務呢？

- 由誰發號施令？誰來主導？
- 誰會是多配合一些的那一位？
- 會是一方指導，另一方配合嗎？還是兩人輪流發號施令？
- 你們彼此配合對方的意願有多高？
- 當你或你的伴侶顯得疲憊、開始力不從心時，彼此是否會敏銳地關注到對方，適時地補位接手？還是會忍不住指責怪罪？
- 當一方想多用力一點時，另一方是否會細心地少用點力，以配合對方的速度？

這些問題或許也象徵著你和伴侶進入婚姻關係後可能遇到的情境，兩人得經常攜手面對、解決眼前的任務。比方說，你們在日常生活中如何分配家務？若要一起旅遊，由誰來主導？哪一方會是多配合一些的那位？當你們面臨重大決策時，例如搬家或換工作，是不是一方會較為主動，另一方則多半提供建議和意見？這些情境都能反映出你和伴侶之間的合作方式與默契程度。

伴侶關係有「愛」並不夠

阿德勒相信，人與人的穩定相處，必須基於平等互助的合作；而愛與親密關係，自然是這種「合作關係」的極致表現。

一般來說，進入愛情與婚姻後之所以感到跌跌撞撞，或許是因為大多數人都沒機會清楚認知並意識到：愛與婚姻，其實是一份任務！而這份任務，得靠伴侶雙方一起投入，共同努力才能完成。

在這份任務之中，又劃分成許多小任務，像是子女教養、財務分配、家務責任角色分工、宗教或信仰、性生活、姻親關係、一般社交互動、興趣或休閒生活……等等，這些婚姻裡的「細節」都得靠雙方一一化解，取得共識。若沒有平等合作的態度，就難以取得共識，增加磨難。

用「合作關係」來看待伴侶關係，給了我們全新的視野去理解「愛與婚姻」的本質，也破除人們一貫的迷思——就是在親密關係的維護裡，光有「愛」的感覺是不夠的。**愛與婚姻不僅僅是浪漫情感**

的表達，更是一份需要雙方共同努力的任務。這份任務需要彼此的理解、包容和合作，才能經營出穩定而持久的關係。換言之，進入穩定長期關係裡的愛（不論是否簽下結婚同意書），不只是名詞，更是動詞。

你願意跟什麼樣的人合作？

談到合作，你認為什麼樣的人容易合作？這裡有個簡單的小測驗，或許能讓大家沉澱自己，釐清自己的真實需求。現在，邀請你回憶一下，在你年幼時，最好是在小學階段以前，當時你最好的朋友——總是會跟你一起互動的那個玩伴，不論是男性還是女性：

- 他是什麼樣的個性？你會用哪些形容詞來描述他？
- 他擁有什麼樣的特質或氣質？
- 你們在一起的時候，多半會做些什麼事情？玩什麼樣的遊戲？
- 你們的互動模式如何？

- 是什麼契機或原因，你們當時成了最好的朋友？

如果你一時半刻想不起兒時好友的模樣，那麼，或許可以想想你小時候喜歡看的小說、童話故事，或是最愛看的卡通、漫畫等等，想想那些故事中最吸引你的角色，你會怎麼描述他？這個最愛的角色未必是主角，但他是格外吸引你的角色，他有什麼特質？他是什麼樣的個性？也許你在他身上，能發覺讓你有意願跟他合作的特質。而如果你寫下了這些特質與描述，不妨找找看，你的伴侶身上是否也有這樣的特質？

以我的經驗來說，我兒時最好的朋友是同班的一位女同學。她溫和善良，我們擁有共同的興趣和話題，與她相處時很自在，不會令人感到壓力；每當我跟她分享事情時，她總是很認真地聆聽我說話，也會給我很棒的回饋；而她做事認真，謹慎小心，也是我很敬佩的地方。

當我有機會整理這段童年回憶，竟奇妙地在我先生身上找到許多相同的特質。在我和先生的互動中，大多時候是我說他聽，但不代表我不聽他說話，只是他習慣當那個比較安靜沉穩的聆聽者，這是我們長久以來的互動模式。

阿德勒認為，我們的生命風格在很小的時候就大致底定。我們傾向和什麼個性的朋友相處、和什麼特質的朋友互動，又是什麼樣的人令我們感到自在、不會感受到壓力，在幼年時期就有了大概的雛形。簡言之，越是讓我們感到自在舒坦的關係，我們越能展現更高的合作意願。

愛與親密的第一步：找到對的盟友

「愛情和婚姻都是合作的一面——這種合作不僅是為了兩個人的幸福，也為了人類的利益。」——阿德勒

阿德勒在百年前已經提醒我們，想在愛與親密關係裡走得穩健，得學會辨識出適合自己的伴侶，找出自己能真正自在相處的對

象，而不是藉由外在的附加價值，來滿足自己在關係裡的需求，才能避免在關係中迷失自我，或因外在的期待而做出有損關係的事。

婚姻的本質：自在相處

為什麼有人進入長期的愛與親密關係之後，會覺得自己當初愛上的那個人好像不再合適了？有沒有可能，我們一開始就疏忽了許多關鍵因素。

回到戀愛之初，許多人會因為外在的條件而受到高度吸引，忽略了「這個人本身的個性和樣貌」；又或者，在熱戀期沒看清楚雙方互動的本質，也忘了仔細反思自己是不是真的能與對方好好合作，來面對愛情褪色後的一切真實困境；甚至進一步思考，眼前這個人有沒有想與我們合作的意願。

我們總在人生中努力學習追求幸福的方法，卻忘了預備面對不幸時的能力。在真實婚姻裡，我們當然得願意給予愛，但不能忽略雙方在處理困境時的態度。當我們有激情，有初期的愛的衝動，我們會忍耐、會犧牲，會以為有愛飲水飽，什麼都可以配合，而忘了婚姻的根本是回到「人與人」的相處和磨合，這不能靠單方面的配合與忍耐。換言之，所謂找到合適的對象，不是進入一段你總在忍耐的關係；當然，也不是找個永遠都在配合你的人。

如盟友相伴，細水長流的愛

預備愛與親密的第一步，不是任何外在條件的包裝。並非說，經濟條件在婚姻裡不重要。許多案例顯示，伴侶間的經濟穩定性是兩人關係穩定性的重要關鍵之一；金錢的存在，是人類心中具有「安全感」的象徵意涵。然而，這不該是愛與婚姻的絕對條件，因為除去這些外在的條件，伴侶之間能否像一對盟友一樣，願意展露對對方的興趣，像跟親密好友相處那般互動，願意彼此分享生活或工作上的點點滴滴，更是不可忽視。

所謂盟友，意味著願意共享歡樂，對彼此產生好奇與連結，也代表有能力共同面對挑戰與艱辛，互助互補。雙方能理解彼此的興趣嗜好，不代表你一定得跟他一起體驗，而是願意單純地接納，甚至給對方這樣接納的空間。

人是社會性的物種，張開眼睛就要跟人相處。因此，一個人有沒有與別人相處的能力，或許決定了這個人在感情中能否維持穩健長久的相處品質，能否與伴侶好好相處，長相廝守。**令人心安自在的長相廝守，不是討好，不是委屈，更不是剝削或控制，而是能自在互動、相互合作的關係。**

既是好伴侶，也是真正的朋友

「友情是親密關係中的基石。」——阿德勒

讀到這裡，或許你已經發現，要讓一段關係穩健順暢地走下去，關鍵因素還真不少。不少個案也曾在諮商中問我，如果干擾關係穩定的因素這麼多，那麼，我們至少應該把握的是什麼？或許可用阿德勒的話來回應這個提問：「婚姻的基本保證以及關係幸福的意義是：感到自己有價值，你無法被取代，你的伴侶需要你，你很優秀，你既是良好的伴侶又是真正的朋友。」讓自己成為一個「真正的朋友」，是阿德勒提醒我們努力的方向。

從幼年培養穩定的親密關係

「友誼的培養是一種婚姻的準備。……從友誼中，我們學會如何敞開心扉，如何同理他人的心情和感受。」——阿德勒

如何預備自己成為一個好的伴侶？阿德勒心理學中強調，這些準備不是增加自己外在或物質的條件，不是年收入有多高，不是有車有房，也不是「高富帥」或「白富美」，而是確保自己能成為一位好的朋友。所以不妨問問自己：

- 我是不是一個願意與他人合作的人？
- 我具備了和他人溝通的能力嗎？

- 我是否了解自己的優缺點，也能在與人互動的過程中，善用我的優缺點與人互補？
- 我具備足夠體貼他人、理解他人感受的能力嗎？

以上這些，都是能幫助我們在進入愛與婚姻後更有能力與伴侶合作的重要特質：像是學會分享、傾聽、理解他人的感受，以及如何在衝突中找到解決方案。（友誼訓練也得從小開始練習。）

提倡子女教養的阿德勒，不止一次在他的文本與演說中倡導，父母得在子女教養裡扮演好各種角色；父母為孩子所盡的責任，還包括預備他們將來能穩定地進入自己的親密關係裡。因此，面對孩子，除了引導他們在課業上的努力之外，還要強化他們交朋友及化解人際衝突的能力，積極培養他們成為「好」朋友。

不可否認，人無論最終是否進入婚姻，一旦步入一段長期的親密關係裡，就意味著與自己所選擇的對象朝夕相處，直到老去。倘若這不是一個我們能穩定合作、好好相處的對象，那會是多麼地痛苦！這種痛苦不僅來自日常生活中的摩擦，更因為缺乏情感支持和理解，最終走向孤獨和疏離。倘若如此，那不過就是兩個孤獨的靈魂同住一個屋簷下，成為室友罷了。

愛與親密，是生命中的一個任務，也是一門功課。在關係中克服兩人之間的困難、磨合稜角並練習合作，本就是勞神費力的事，因此，雙方都必須投入額外的精神與努力，而不只是滿足個人的需求而已。要做到如此，不僅自己要願意與人合作，也得找到願意與自己合作的對象，這點至關重要。

共好合作，在愛中溝通前進

「如果每一個配偶對其伴侶的興趣都高於對自己的興趣，那麼，他們之間便會有真正的平等。」——阿德勒

一位擅長婚姻關係與人際溝通的老師離婚了，消息傳出時，大家紛紛跌破了眼鏡、掉了下巴，大家心中有著共同的疑問：這位老

師不是最擅長處理婚姻關係與人際溝通，婚姻專家怎麼也會離婚？在一次研習活動上，老師看出大家的疑惑了，沒有生氣，只是雲淡風清地說：「我或許是個擅長溝通、對伴侶議題有研究的人，但當另一半完全沒有溝通的意願時，我一個人再怎麼擅長也沒有用啊！」

這句話真的突破盲點了，老師一語點出伴侶們在溝通時很常遇到的困境。

在我個人進行伴侶諮商的過程中，也有許多類似的經驗，不少人在婚姻陷入瓶頸時，想進入伴侶諮商，希望透過諮商師或心理師的引導，協助兩人鬆動僵局，找到改變的契機……但，那是理想狀況！實際上，我也遇過不少人「拎著」配偶進入諮商室。對，你沒看錯，真的就是「拎著」。這些被帶來的伴侶們很多早已失去溝通的意願，覺得自己是被強迫來諮商的，他們對婚姻／伴侶諮商並沒有期待；而那些拎著他們來的配偶們，則希望諮商師成為他的代言人（甚至是打手），不只要成為他們中間的協調者、法官，協調辨認他們之間的恩怨對錯，還要成為他們的仲裁者，替他抱不平，並要求對方改變。

說真的，這實在難為心理師了。因為心理師不是魔法師，我們或許可以協助啟動溝通的機會，帶著雙方看見困境，但我們也難為無米之炊，當任何一方在關係裡已進入放棄模式，且完全沒有修復意願時，這段關係終究還是得畫上句號。

當伴侶之間陷入這樣的僵局，意味著他們不再是平等的關係了，他們之間失去了「共好合作」這把鑰匙。伴侶各自落入自己才是婚姻中「受害者」的位置，而對方是壓迫自己的加害者；**彼此都在關係中關注「自己的獲得」多於看見「對方的需求」**。

說到底，伴侶間能關注彼此當下的狀態，並信任對方的牽引，才能穩定地前進；若有一方不願將眼神持續放在對方身上，便造成兩人不在同一陣線上。換句話說，這早已是同床異夢的兩人，更遑論去談雙方的美好未來了！

平等的愛，看見彼此的感受與需求

阿德勒曾說：「在我們的文化裡，人們經常沒有做好合作的準備，以至於我們的教育都太注重個人的成功，太強調我能夠從生活裡得到什麼。」也因為這樣，我們常常把錯誤的價值觀套在感情裡。

平等的愛，不是思考我做了什麼或付出什麼，所以對方就該如何回應我。平等的愛，是願意看重對方的需求，如同我看重自己的需求；辨識自己在愛裡的姿態，不過度放大自己，也不委屈自己。

每當說到「平等」的概念，許多人想必不認同。有人說，這世上本就不存在著平等，又如何在愛裡期望獲得平等的給予與對待？人生來各不同，每個人擅長的優勢、感到困苦的限制，自然不同。這裡所謂平等，不是機會上的平等，不是外在條件的平等，更不是能力上的平等，而是「存在」本質上的平等。即使每個個體能為關係中貢獻的皆不同，但是每一個人、每一個個體，在每一份獨立的關係裡，都是同樣的重要，也都有同樣的價值。因此，相信你與伴侶是

「同樣」重要，將雙方的需求與感受同時放在心裡，便是一種在愛裡穩健經營的重要態度。

所謂愛一個人，便是用對方需要的方式、也恰好是自己自在的方式，讓雙方同樣感到幸福。

愛情天秤，合作才能平衡

前面提到伴侶之間得有意願合作，而這個意願得是雙方共同展現的，不能只是單方面自顧自地努力付出。

自小到大，我們被一廂情願對待的經驗，想必不在少數。比方說，兒時被迫上不喜歡的才藝課，或被逼著吃某些食物、做出我們厭惡不已的事。有時候，爸媽會說：「我是為你好！」但從來沒有機會被詢問：這是不是我們想要的？

當我們在情感中陷入了「我對你這麼好，你怎麼可以不愛我？」的苦痛，或者也是我們沒有機會釐清：**我們給予的愛，是不是對方真正想要的？**而演變成自顧自或自以為是的愛。

愛人的方式，不等於被愛的方式

「在親密關係中，我們最常見的錯誤是，以為『愛』代表著對方對我們有義務。當我們環顧四周並觀察自己時，會發現我們經常犯這樣的錯：認為那個愛我們的人，只因為『他愛我』的這個事實，就對我們有義務。」——阿德勒

人在關係裡，往往都認為對方有照顧自己的責任，所以關係的經營變得更加複雜。我在為個案進行感情諮商時發現，在感情中失落的人，除了傷心難受，很多也夾雜著委屈和不公平；除了心理受創，更充滿許多的不明白。他們往往都會問一個相同的問題：「我為他付出這麼多，他怎麼可以不愛我？」

曾有一位女性朋友因為失戀來找我訴苦，整整三個小時內，她哭得稀里嘩啦。期間，不斷哭訴自己是如何地不被珍惜，抱怨那個男生為何可以不要她，她又是如何想和對方共好、一直走下去，卻

被惡狠狠地拋棄了……終於，等到她的情緒緩和一點時，我有機會回應她：「嗯，聽起來你好在意他。我也聽到你在這段感情裡付出了好多。感覺在你們交往期間，你真的好用心。」

話一說完，這位女性朋友突然停止哭泣，抬起頭來直愣愣地盯著我，說：「哎，沒有誒，我們其實沒有交往，我一直在單方面暗戀他而已。」

「咦？那你說你失戀是？」我更困惑了。

她才悻悻然地說：「我發現他跟別人在一起了。」

一廂情願，自以為是的愛

這個經驗聽起來像是個笑話，但也反映了一種狀態：許多人在感情裡，往往陷入「單方面」與自顧自地努力之中，以為這樣就能獲得「真愛」。

許多流行文化裡也鼓吹著這樣的情感價值觀，像是經典日劇《一千零一次求婚》這樣的浪漫偶像劇，或是周杰倫〈等你下課〉的歌曲中唱到：

「你住的巷子裡，我租了一間公寓，為了想與你不期而遇……我找了份工作，離你宿舍很近，當我開始學會做蛋餅，才發現你不吃早餐……總有一天總有一年會發現，有人默默的陪在你的身邊……」

歌詞中表達了一種單方面的深情付出，希望終能打動對方的心。這幾乎無一不鼓吹著「精誠所至，金石為開」的情感態度。

對自己在乎的事情努力付出、認真追求，當然沒有錯，但這不該全然套用在愛與親密關係裡。「努力」文化使我們誤以為所有的事情（包括愛情）只要努力必有收穫，以為只要將自己堅定的心意表達到極致，必能打動或擄獲對方的心。然而，在感情裡是不能相提並論的。我們愛一個人，在意一個人，得用對方能理解也能接納的方式去表達，否則只是一廂情願罷了。自以為是的愛，就是種不平等的愛。

不論男女，都有可能在情感裡成了「工具人」，因為我們認定了只要付出，就肯定會有收穫，對方最終會回應我的。然而，這恐怕是落於自私的一種表現，是一種不平等的愛，因為我們關注自己獲得的多於關心對方。請記得，愛人的方式不等於被愛的方式，如果我們希望對方用我要的方式來愛我，那有沒有可能我們從頭到尾愛的只有自己？

愛情裡，沒有誰是附屬品

「一個過度追求個人優越感的人，會妨礙他與他人的連結。」——阿德勒

愛與親密關係裡的不對等狀態，往往發生在不知不覺間，未必是任何一方在有意識下刻意為之，而是流動關係裡的堆疊與變化所造成的。

委屈求全，不平等的愛

日劇《凪的新生活》男主角我聞慎二，公司的王牌業務員，在職場與人際關係裡如魚得水，從容自在。他幽默風趣，擅長營造歡愉的氣氛；有他在的地方就會歡樂不斷，是個標準的萬人迷。慎二有個地下戀情的女友大島凪，與慎二是同事；兩人交往多時，卻一直沒有公開。小凪來自北海道單親農家，從小就是個溫馴乖巧的女孩；在人際關係裡懂得委屈求全，一直都是小凪擅長的生存之道。她的體貼懂事與忍氣吞聲，在與慎二交往的關係中發揮到極致；面對慎二的任何要求，她也從不說不。小凪可以忍耐生活中的不由自主，是因為生活再難以忍受，她也可以自我催眠：沒關係！繼續忍耐，只要順利與慎二結婚，她就是人生勝利組了——畢竟她的男友可是公司頂尖王牌業務員與萬人迷。再說，一旦與慎二結婚，她就能向遠在北海道、總是情緒勒索自己的媽媽證明自己的價值——她不是沒用的孩子，讓媽媽在其他親戚面前走路有風。然而，慎二表面上是陽光型男子，但私下對小凪卻是極度惡劣，對她既霸道又剝削，只是一味享受小凪在關係裡對他的無條件包容與寵溺。

某日，小凪不經意聽見慎二對同事奚落兩人的戀情，嘲弄她不過是個節儉度日的窮酸小氣的女孩：「絕對不可能跟她共度一生。」這時，小凪才意識到自己朝朝暮暮期盼的圓滿目標，竟是空虛的自我滿足；她的用力隱忍，也只是徒勞無功的行動罷了！

慎二與小凪的戀情，並非在交往的第一天就如此，而是在日積月累的相處裡，兩人在關係中的一進一退間，形塑了某種權力不對等。小凪也好，慎二也罷，其實都在感情裡追逐理想，追求自己的虛構目標。慎二看似對女友剝削、霸道，事實上，他只是在用不成熟的方式，表現出他對愛的主觀理解；小凪的退讓與委屈求全，更讓她誤以為這是自己唯一可以獲得愛的方式。

慎二所追求的，是關係中的無條件接納與包容；慎二不停地測試小凪的底線，渴求無條件接納——因為在原生家庭中找不到被呵護的空間，所以只能在自己的情感關係中恣意妄為，變得驕傲與操弄。小瓜則從自小與母親相處的經驗裡學到了：只要順服與委屈求全，就能得到他人全部的愛。

人在內心感到不安時，自然容易攀附著一種假象來補償這種不安的感覺。慎二攀附著自己的膨脹與優越，小瓜攀附著自己的委屈與隱忍。兩人在關係裡的行為，無非都是想證明自己在對方心中的地位，以滿足價值感與安全需求。然而，真正穩定與健康的愛，不該是如此。

愛情裡的自卑情結

看似荒謬的日劇情節，在生活中其實並不陌生。情感關係裡的權力不對等，可能以各種形式表現，像是金錢、權勢、地位、知識差異、話語權……等等。而關係中出現了支配與操弄，甚至是任何形式的暴力相向時，也都是雙方權力不對等的展現。這幾年陸續被討論的「情緒勒索」、「煤氣燈效應」*、「PUA」**等，都是這樣的現象。許多脆弱與自卑的人，為了掩飾自己內心的脆弱，就容易像劇中的慎二一樣，在關係中「放大自己，操弄他人」來展現自己的力量。

說到底，人們會想用「自己的力量」去改變、控制他人，或許也是因為他們內心對失去地位的恐懼高於一般人。他們不想融入整體，紆尊降貴去配合別人，渴望他人臣服於自己，只好不停地尋找一個願意臣服於他的伴侶；在極度害怕自己失去力量，又在關係中無法證明自我價值的前提下，最後的手段，只剩下威脅、利誘、哄拐、操弄、失控、出手……

其實，不只在親密關係中，在日常生活裡，大人對小孩、多數對少數、主流對非主流……這些現象都存在，只是在愛與親密關係裡，這些現象既隱晦又普遍，使我們經常忽略了這都是自卑情結的一種展現。

當我們陷入這樣的情感泥沼裡，一旦自己的人身安全、身心狀態受到了傷害，甚至自尊遭受嚴重打擊，任何人都該為自己挺身而出，毫無懸念地離開這樣的關係。沒有人該在愛裡仰人鼻息；真正的愛，不是在愛裡證明誰比較偉大，也不是展現控制對方的需求，更不是征服的欲望。一旦關係中陷入了任何一方在價值上被詆毀、操弄、剝削，那就不是平等的愛。

阿德勒相信，愛與親密應該是合作關係，它有賴雙方努力彼此澄清、確認（也就是持續溝通的努力）。人們需要展現社群情懷，以合作的態度來經營情感關係，而不是期待對方全然滿足自己。在愛情裡，誰也不該是誰的附屬品，我們不能支配對方，自然也不允許被支配；唯有兩人平等地將對方的需求放在心上，才是真正的愛。

*煤氣燈效應：是一種在關係中的操控行為，通常持續很長一段時間，使受害者開始質疑自己的記憶、感知或判斷。

＊＊PUA（Pick Up Artist）：原指以特定策略和心理戰術追求異性，衍生成一種操縱、控制他人的手段。

當愛與親密關係失衡了

「性是一種驅力，一種本能，但愛情與婚姻並不單單是為了滿足這些驅力的問題。」——阿德勒

有些人可能對阿德勒談「愛與親密」這份任務有所誤解，認為阿德勒提倡的是全然的精神交流與心靈契合，是撇開性愛的柏拉圖式戀情……這其實是一種誤會。

人們步入「情竇初開」的階段，往往是我們進入青春期，在第二性徵開始發展的時期。當我們對性的感知與敏感度被大幅打開時，恰好也是我們進入了更想探索愛與親密領域的階段。這時，我們很容易將「愛」與「性」二者做深深的結合，認為兩者密不可分；也容易認定「性驅力」或「性的吸引力」，大大控制也影響著我們在親密

關係中的樣貌；甚至認定，「性」的展現，正是成熟階段該有的愛與親密的表現。

身心契合，擁抱幸福的親密關係

「對另一半的性吸引力是必要的，但它應該始終依循著對人類福祉的渴望來塑造。」——阿德勒

阿德勒深信「身、心」是一個完整的系統，在親密關係裡，肉體上的吸引與心靈上的契合，皆是重要的部分。

阿德勒提到性吸引力的重要性時，並沒有否認其存在的合理性，但他認為這種吸引力應該以更高的價值觀來引導和塑造。他認為，僅僅依靠性吸引力是不夠的，因為這樣的關係可能會淪為自私的滿足。他進一步提倡，將這種吸引力與對人類福祉的渴望相結合，如此才能建立更加深厚且有意義的關係。

「性吸引力」衍生更高的價值

阿德勒心理學從不否認「性」是人類生理上的一種本能或驅力，但親密關係不該只是為了滿足這個本能而已。

人體的生理構造既複雜又神祕，我們受到體內各種激素與荷爾蒙影響，覺得餓、覺得渴、覺得疲憊，進而產生不同的行為反應來呼應這些生理變化。但身為人，我們與其他物種的不同之處在於，人們即使會受到這些生理驅力的影響，人類的行為早在千百年來的文明發展與形塑之下，變得高尚優雅。我們能在外界文化的介入與調整下，產生不同的行為反應。好比說，我們即使餓了、渴了，也會保持進食的禮儀與文明，除非極端的特殊狀況，我們不會因為這些本能而任意搶奪他人的食物——我們的言行舉止總遵行著一定的文明規範。

同樣地，「性驅力」也是如此。若有人說他進入愛與婚姻，是因為受到性的吸引力，甚至在關係裡發生性出軌，強調「性滿足」對他的重要，有沒有可能，這是為自己的行為與感知合理化的說詞罷了。阿德勒說：「談戀愛的目標，會決定我們在戀愛當中的感知能力。」因此，倘若有人在親密關係裡的目標，是放在肉體上的歡愉與滿足，那便有極大的可能，他在關係裡，對性愛感知需求就會放到最大。

婚姻是伴侶之間合作的關係，性行為自然是他們合作的表現方式之一。所謂肉體上的契合，有時未必是真正的契合，只是藉由肉體在行動上展現了與對方合作，願意提供對方感到歡愉機會的一種表現。

當然，阿德勒無意忽略「性愛」在愛與親密裡的重要，因為人確實有性感官上的滿足需要，雙方在肢體上需要能夠合作與配合。阿德勒曾說：「不要挑一個在身體上不吸引你的伴侶，但也不要將你的命運和一個只在生理上吸引你的人糾纏在一起。」也就是說，性愛不能構成穩定婚姻的絕對因素，真正成功的親密關係不僅僅基於性吸引力，而是基於雙方共同的價值觀、目標和對彼此幸福的關心。

性吸引力應該被視為促進人類更大福祉的一部分，這包括支持伴侶的成長、共同面對挑戰，以及在彼此的生活中創造意義和價值。

「性與出軌」不是逃避婚姻困境的出口

人的「身心」是一大共同系統，在親密關係中，性與肢體上的合作能夠反映兩人心靈上的契合。肢體與肢體之間的距離，表達著內心對彼此的真實渴望；越渴望被擁抱，就越顯現內在深處那種難以言喻的對彼此的想望。

伴侶在關係裡的互動模式，是兩人動力結構的展現，性愛也是。不論是房門內或房門外，他們的互動是歡愉或支配、是享受或控制，都可能是兩人在關係裡**對自我滿足的補償**。當我們用這樣的觀點來看，或許就能明白那些在關係裡的不忠或出軌，未必單純是性本能的渴望而已。

不倫背後，隱藏其他訊息

愛情和婚姻的不忠，無論新聞事件或身邊故事皆時有耳聞；面對出軌，若只用「道德與法律」來看，必定落入是非黑白的二元之分，然而，人心是無法如此清楚界定的。不倫的故事，往往是婚姻困頓的突破口，是對改變的渴望，但又缺乏在婚姻中直球對決的勇氣，於是轉向他處，尋求解方。

不倫，是部分女性對「白馬王子救贖」的非現實想像，也可能是部分男性得以「安撫內在彼得潘」之出口。因為不分男女，都可能藉由「不倫」來逃避婚姻裡的真實困境，以因應內在自卑作祟的騷動，成為「情感寄託」的假象。畢竟，要面對真實困境恐怕更加複雜，所以忙著不倫，得以慰藉，也換來「我還有愛人與被愛資格」的幻想。

唯一能確定的是，「不倫與出軌」往往不能救贖困於泥沼的人們，它無法改變早已存在於婚姻和性愛中兩人無法合作的事實，只是讓一直暗藏於深處的危機浮上檯面罷了。

以不倫和性愛不忠為主題的日劇《金魚妻》裡，有一句這樣的台詞：「養金魚，最重要的就是觀察，一旦發現一種病徵，通常已經太晚了……」這不正是許多不幸婚姻的樣貌嗎？

不倫，不是婚姻問題的「因」，而是「果」。不倫行為的發生，反映出早已問題重重的關係。浮上檯面的不倫議題，提供人們直視問題、強迫面對的突破口，進而檢查病灶之下的真實病根。最終，面對婚姻困境並拯救自己的人，還是只有自己，男女皆然。「性與出軌」一詞，或許只是背負了大眾對其幻想解救自己的虛構投射而已。

情感裂痕：不完美，卻可以完整

不倫、出軌或背叛，不論是什麼，關係中一旦經歷過撕裂，要重新打造復原的過程，就像在修復身體傷口時的「清創手術」。清創手術需要將傷口中的壞死組織和感染源徹底清除，才能避免進一步的感染和惡化，讓傷口有機會重新癒合。同理，關係的修復也需要雙方坦誠面對問題，剖析矛盾和誤解，將過去的怨恨和傷痛清除，才能為重新建立信任和感情創造空間。

話雖如此，這個過程並不輕鬆，甚至極度折磨。正如清創手術可能會帶來劇痛，卻也是促進長期痊癒所必需的。同樣地，關係的修復需要勇氣和耐心，需要雙方共同承擔責任，願意為了未來的共好而努力。唯有如此，才能讓傷口逐漸癒合，恢復到更加穩定和健康的狀態。

身體的修復不是在手術結束後就完結了，術後護理也至關重要，持續細心理療和觀察，才能避免再次感染。同樣地，修復關係也沒有所謂「修理完畢」的終止點。它需要持續耐心的努力和關注，不斷溝通和調整，才能維持新的平衡與和諧。

面對背叛，如何修復關係？

「當愛存有猶豫和懷疑，便無法穩固。」——阿德勒

有人問我：一段婚姻裡，闖進了第三者，即使後來第三者已離開，看似外部干擾已經解決，但兩人的關係，還有可能復原嗎？

這真是個很難回答的問題。因為，任何關係一旦經過撕裂，就再也回不去了。這裡的「回不去」，指的是即使雙方再如何努力，都不可能回到最初，宛如彼此從未經歷過傷痛那樣。畢竟人生不可能重來，已經發生過的事情，怎可能當作沒發生呢？

然而，這未必就代表這段關係不可能再長出新的信任。當任何

關係要修復傷痛，建立新的信任，撫平經歷傷害後的創傷，需要雙方都有足夠的共識和覺悟，也都得認知到這將是一段極度艱辛的歷程，並依然「願意一起面對」，如此一來，就有修復的機會。

遭遇背叛的情緒耗損

首先，一段關係在經歷外遇之後，對受傷的一方來說，他經驗到的是一種「背叛、困擾、混淆」的感覺。他的內在必然受到極度的震盪，自尊與價值感會遭到極大的破壞。因此，即使他想回到關係裡，也會猶如驚弓之鳥，不管再怎麼努力，都會出現創傷後的反應，時不時就被勾起脆弱，對任何事件都感到刺激、有反應。

在經歷修復的過程，他一面要花力氣照顧自己已經裂開的傷口，另一面又須確定不再受到更多外力刺激，同時還得努力練習不要過度反應。每當心中再次勾起懷疑、擔憂時，都得跟自己說：「沒事，沒事！不要想太多了！」這確實是非常情緒耗能又艱辛的歷程。

畢竟，從最初懷疑到證實另一半出軌的這段期間，他可能也曾對自己說：「沒事，是我多想了。」但如此反覆安慰自己之後，事實卻證明「自己根本沒有多想」。於是接下來，他要試著再相信他的伴侶，再對自己說：「現在所遇到的是自己多想。」這樣的狀態對身心來說都是莫大的折磨。

出軌者在關係中淪為弱勢

人天生有保護自己免於受傷的機制，杯弓蛇影，都是生存法則。要受傷的人刻意違背自我保護機制，克服這種抵抗感，就需要更多時間與空間去練習。此時，出軌的那一方，就得展現意願，有足夠的耐心去等待關係修復。

在等待關係修復的同時，若從另一個角度來看，出軌的那一方內心也未必好受。當他願意承認（不管是不是被逼的）自己在關係裡的不忠，就代表接下來，他已成為關係裡弱勢的那方，此後，不論他做什麼、說什麼，都會被放大檢視。如果他是有一點道德感的人，也會長期感覺到自己在關係中處於卑下地位——畢竟，我們的文化強調「犯錯的人就要對自己犯的過錯負責」，一旦知情的人越多，他的卑下感就會越強烈。簡單來說，他註定是「有罪的那個人」。

牽手扶持，走過療傷歷程

「愛情與婚姻的問題只有在完全平等的基礎上，才能圓滿解決。」——阿德勒

確實，我們都堅持有罪就要「贖罪」，人該為自己犯的錯誤付出代價。但沒有人告訴他，這個「贖罪」的歷程有多長。任何刑期都有明確的時程，但在關係裡的罪，若不知何時才能獲得原諒，情緒該如何安放？所以，受傷的伴侶，願意放下自己的傷，不翻舊帳，把對方從低下的位置牽起來，與自己平視，同時表達自己的**「療傷歷程」不等於「懲罰歷程」**，這點很重要。

說到底，這個「療傷歷程」對雙方而言都是備受折磨，因為兩人不只要照顧自己，也要同時照顧對方。就像一起走在天堂路上，兩

人都會一邊走一邊痛；牽手扶持一起走，是比較容易的。關鍵是，兩人都得各退一步，多為對方想一點。

犯錯的一方，不能老仗著「我都道歉了，你還要我怎樣」，不願軟化自己。在修復關係的過程中，對方難免還是會有殘留的傷痛，會有那些隱隱約約被勾起的害怕與驚恐，必須更細心地呵護才好。而受傷的一方，也不能老仗著「我的傷是你害的，所以你得一直補償我」，不願放下怨懟，持續在關係中尋找被彌補的理由。這樣的做法，就像自己走在天堂路上，又要拿對方的背來墊腳，時間一久，誰都受不了。

話說回來，沒有任何一段關係是永保幸福快樂的，但每一段關係，卻可以在大大小小的考驗中，齊心克服難關，一起打磨出幸福的樣貌。

歷經情感傷害後的自我重塑

「遺憾的是，我們都不可能避免它（關係的破裂）；但最容易避免的方式，是將婚姻和愛情視為一個我們都得面對的任務，一個我們得去解決的任務，然後，我們想盡一切辦法來解決這個問題。」——阿德勒

當關係遇到撕裂，當婚姻闖入第三者，彼此的信任關係能不能真的修復、完好如初，這需要很大的覺悟。有時，人們在權衡之下，認為這樣的覺悟歷程太過辛苦，選擇斬斷情緣，也是可以理解的。但仍想努力嘗試破鏡重圓的人，心境上該如何調適呢？

情感傷害，是一種發生在不經意間、沒有預備的狀況下所遇到的不安定經驗，它打破了我們對世界秩序的認知。我們在傷害經驗裡，失去了對自己的相信、對他人的相信，以及對世界的相信。因此，在療傷的歷程，不只要修復與另一半之間的狀態，也要修復自己內在的傷。

另一半外遇之後，我們會經歷的是：

- **過去幾十年來建立的內在框架，一瞬間崩解了，要再重建必然耗費心力。**

（我能相信自己嗎？我是不是變得沒價值了？我是不是做錯了什麼？我還能找到自己存在的意義嗎？我還有資格被愛嗎？）

- **無法再輕易與他人建立信賴關係，將使孤獨感更重。**

（我還能相信其他人嗎？不論是對傷害我的人，還是未來的另一半，我能再相信他們嗎？他們對我的好，會不會有一天又崩解了呢？）

- **在與世界重建信賴關係之前，我們無法確立自己的生存法則。**

（我還能相信世界嗎？我還能相信世上的其他人事物嗎？親密與愛情的存在意義是什麼？）

簡單來說，傷害一旦發生，我們被撼動的是「與自己的關係」、

「與他人的關係」、「與世界的關係」。這三者，都是我們從小開始建立的支架，一瞬間被撼動後，要重新建構，不可能不內耗。

裂過就有疤，正視內在的傷

關於外遇與修復，重點不在於是否「破鏡重圓」。破鏡不可能重圓，但破鏡可以昇華成不同的物品；留在上面的裂痕，可以化作不同的意義。

二〇二〇年八月四日，位於黎巴嫩的貝魯特港發生大型爆炸事故，造成多人死亡與受傷。當時爆炸的威力，使得三公里外貝魯特美國大學考古博物館中存放的七十二件具有歷史意義的玻璃製品也被震破。周遭所有的新舊玻璃全都混在一起，這要怎麼修？玻璃能修復嗎？而後，大英博物館與考古博物館做了一件事，他們在修復這些文物作品的同時，決定保留表面爆炸所留下的裂痕。因為「如此一來，我們便能注視著這些傷痕，想起它們是怎麼活過來的。」博物館人員這樣說。

所有的修復都非常不容易。博物館的專家花了好幾年時間，在七十二件展品中只修復了八件；而人心不是物品，肯定需要更精細的對待與呵護。如果我們在療癒的過程追求完好如初，期盼破碎的鏡子恢復原貌，那無疑是天方夜譚。換言之，我們得認清，一旦裂過，就有疤；這疤，終將成為身體的一部分。

與昨日告別，面對婚姻的下一步

「我們都會犯錯，但更重要的是，我們能夠修正這些錯誤。」——阿德勒

我始終相信，人生最大的遺憾，不是分別，而是不能好好道別。世上沒有什麼是不能改變的，面對外遇的傷痛，在痛過、哭過之後，究竟該如何跟過去的自己好好道別？

是的，這時必須明瞭，兩人的感情已經不再完好如初了。當彼此帶著傷或遺憾，再度面對婚姻之路，若能接納這早已不完美的狀

態，其實是有機會繼續走下去的。**人生，可以不完美，卻可以是完整的。經歷過裂縫的人生，其完整之處，在於它經歷也見證過大大小小的波瀾。**

與昨日的自己告別，意味著我知道，不論是留在婚姻裡，還是走出婚姻，我們都得意識到「今天的我，已經不是昨天的我了。」浴火後的傷疤，那是自己生命裡韌力的見證。如果雙方還有意願一起走下去，不糾結於誰是加害者，誰是受害者，坦然面對彼此的感受、經驗，不逃避，也不互相怪罪，願意彼此等待，那這段婚姻還有機會維持下去。反之，如果只是單方面想努力，另一方仍然維持慣性，那麼，這段關係或許自始至終都是不平等的，如此一來，就好好道別吧，也別為難彼此了。畢竟，破鏡本就不能重圓，關係碎裂，心也破了之後，只能帶著裂縫的殘缺和更精彩的自己，繼續勇敢地往前進。

愛裡的勇氣，帶我們通往「幸福」那一站

走入婚姻後，我們或多或少都經歷了與原本想像不同的面貌；婚姻裡的柴米油鹽醬醋茶，消弭了我們初始對「愛」的想像，於是，我們認為「婚姻」就是磨破愛情的劊子手，卻忽略在婚姻裡有機會見證「愛」的極致展現。當我們與某個人決定走入婚姻、共度餘生時，要跨越生活中數不盡的「真實考驗」，這都得用「愛」來作為緩衝與防護。

以包容的眼光，欣賞伴侶的不完美

人總在關係的磨合中，才能體會自己的限制；也因為這些侷限，我們產生掙扎、痛苦，我們以為是兩人不合的性格才造成關係裡的對立與衝突，因而在情感裡跌跌撞撞，飽受辛苦。但說到底，

或許是我們自身都帶著不夠完美的狀態進入關係裡，也在相處過程中，讓這些瑕疵更顯清晰，進而一步步地吞噬了兩人的關係。

我曾有過這樣的經驗，某日早上起床，沒來由地心情特別差，一切都讓我感到不順心。看到孩子不小心把牛奶打翻了，無法按捺情緒，忍不住破口大罵；孩子趕在上課前才把聯絡簿拿出來簽名，也讓我怒氣沖沖。一個早上，整個家裡陷入低氣壓的狀態，小孩膽戰心驚，先生也如履薄冰。這樣的情緒焦躁和幾乎失控的狀態，直接踩破了先生一貫的溫柔態度，他也罕見地提高聲量，突然對我大吼一聲：「你到底是在幹嘛？」

他的那一吼，我愣住了，傻了。這個平常對我和顏悅色，或說相對包容的丈夫，怎會對我這麼大聲？總被寬容以待的我，頓時變得驚慌失措，像是突然被拋棄的孩子，受傷又惱怒，無地自處。而人在極度失序的情況下，不是「戰」便是「逃」，那一刻，我選擇了逃跑，將手邊的事務收拾好，包包一拎，立刻出門工作，把孩子留給先生，讓他送小孩去上課。

那日傍晚，我比誰都早回家，步入家門前，心中仍對早上的事耿耿於懷，害怕又擔心的情緒交雜。一進家門，看見水槽裡躺著意外的物品——那是個尋常可見的塑膠袋，袋裡放著一束白色野薑花。我望了一眼野薑花，立刻知道這束花是先生買的。當下，我的腦中有兩個路徑可以選擇——做了怎樣的選擇，將決定我和先生接下來的關係發展。

首先，我可以這樣想：這個人怎麼這麼不解風情、不浪漫，甚至是莫名其妙。早上吼了我之後，就只是買一束野薑花回來，連花瓶也不找，隨意地把整個塑膠袋丟在水槽裡。這個呆頭鵝到底想做什麼？若是要道歉，也太沒誠意了吧？

當然，我還能有另一個選擇：我今天早上心情不好、情緒不對勁，先生希望我回來時能有好心情。他在帶孩子上學的途中，買了一束野薑花給我——平時家中沒有插花習慣，這是他善意的表現。

我也可以進一步想，野薑花帶有特殊香氣，先生或許希望家裡多了這束花，能帶來不同的氣氛，使我情緒緩和一些。

就在那個當下，我做了一個決定：我選擇相信這是先生對我好的方式，那是讓我們可以走向「共好」的路徑。我願意去看見他良善的意圖，他的善意野薑花也許並不完美，但以他木訥的個性來說，這是他能夠做到最好的展現了。

於是，我攀上櫃子，拿出了花瓶，修剪過長的枝葉，把花插入花瓶裡。當先生回到家，看到已經被插入花瓶裡的花束，對著我，臉上浮現了一絲笑意。我們倆什麼都沒說，但這就是我們的默契。

就這個事件來看，曾有朋友說，這是先生對我遞出了橄欖枝，而我接住了。但從我的角度看來，我覺得也像是先生給了我一個善意穩固的梯子，讓我可以走下自己的驕傲。早上的紛爭之所以沒有進一步失控、延伸成更糟糕的戰場，是因為我和先生都不陷入自己受的傷與委屈之中，也不過度糾結在自己的情緒裡，願意在那個時刻，放下自己的一部分堅持，希望對方心情能好受一點。

一直以來，在感情裡，人們都渴望找到一個完美的人，希望這個完美的對象是陪伴自己一生的良緣。但或許能讓我們在關係中長遠相處下去的，不是找到完美的對象，而是練習用一種包容的眼光、願意相信的眼光，去欣賞那個不完美的人。

人沒有完美的，但解讀關係裡的一切意圖與動向，卻可以是正向的。你是否願意帶著愛的眼光，用「**共同解決問題**」的態度，來經營兩人之間的互動？人與人衝突間的轉變，往往就在一念之間，在於你願不願意相信。阿德勒對於「愛與親密」的見解，便是如此。

相信愛情，帶著勇氣走下去

「合作需要永恆不變的決心；只有那些下定決心的人，才能視為真正的愛與婚姻的實例。」——阿德勒

愛情與婚姻，很難，**難在我們容易在關係中過度堅持自己，忽略了對方；又或者，過度仰望對方，輕忽了自己。**因此，在平等的愛中，找到共好的路徑，是個不容易的歷程。

想解決在愛情或婚姻裡的失望與困境，或許我們得開始反思：

「為什麼戀愛？又為什麼步入婚姻？自己在愛情裡究竟想獲得什麼？」這類自我反思提問，往往能提供人們一個抽離的空間，來探究自己追求愛情與婚姻的真正本質為何，也幫助自己用更客觀的角度，來理解自己在愛與婚姻裡遇到的困境。

日本電影《愛情人形》男主角高橋一生有一句台詞是這樣：「我們都像是玩扮家家酒一樣，一知半解地進入了婚姻，卻在婚姻的跌跌撞撞裡，開始探究什麼才是婚姻的本質。」這句話似乎反映許多人們進入愛與婚姻的真實現象——人們對於婚姻，本都理解得不夠透徹，也總在婚姻亮起紅燈時才有機會進一步探索。

任何關係都會有撕裂或令人感傷的時候，也都會出現某些現實的考驗，但正因為我們對另一半的愛與珍惜，驅使我們去思考自己是否有勇氣和決心修復這些傷痕。同時，這也意味著，在關係裡，沒有人有義務為我們內在的脆弱和自卑負責；雙方一起認真面對問題，努力溝通，尋找解決方案，是必要的功課。

老子說：「慈故能勇。」因為有愛，我們願意展現勇敢；也因為感知到自己被深深地愛著，更能深刻地催化出勇氣。勇氣的本質是「希望與相信」；沒有希望或相信，任何人都走不下去。

曾經有個案問我，讓關係持續往下走的關鍵究竟是什麼？當然，我們都會想到「包容、尊重、退讓、合作」等這些重要因素。但我想，更重要的態度是「相信」，因為唯有相信，這些包容、尊重、退讓、合作等姿態，才有意義。

確實，在所有的關係中，我們總會遇到失落的時候，而面對失落，我們往往會變得害怕，變得逃避，於是不想再嘗試了，也不想繼續走下去，這都是因為我們不願意「相信」。

婚姻，未必是愛情的墳墓，但前提是：你得先想清楚，你想用什麼樣的姿態去面對與經營。當你對自己的選擇開始有足夠的覺察時，秉持「以終為始」的態度，就能釐清自己在情感關係上的困境，進而產生改變。

一旦我們明白自己最終的目標是什麼，會有更多勇氣和信心去面對並克服困境——漸漸明瞭，困境只是過程的一部分，而不是最終的結果。因此，所謂的失敗，不是不成功，而是沒有勇氣去嘗試。身心穩定的人，具有面對失敗但依然願意努力的勇氣。

愛裡的傷痛是真實的，但愛裡的幸福感也是真實的。在愛裡磨難出來的傷，確實很痛，但只要有愛，就能帶著勇氣，穿越傷痛，繼續走下去。

相知相守，在愛裡保持希望！

「生命總會設法延續下去，而生命絕不會毫無掙扎就屈服於阻礙。」——阿德勒

當我們願意深深地愛著一個人，那是需要極大勇氣的事。我們都知道，在茫茫人海裡能與某人相遇、進而相知相守，簡直是一個奇蹟！每個人都有自己的個性，每種個性背後又帶著各自的包袱，面對各式各樣的現實考驗，無論是誰，都很難一帆風順。但因為有一顆願意去珍惜對方的心，願意去感念對方的態度，願意去相信這

段關係中不論發生什麼，我們都有能力共好，也相信此刻雖不是最舒服的當下，但吵吵鬧鬧之後，我們對未來依然有冀盼與希望——在愛裡，最重要的，就是保持希望！

我認識一對伴侶，他們之間如同許多伴侶一樣，吵吵鬧鬧，偶有爭執。但不論他們之間多麼地不愉快，每次吵架後，其中一方總會在當晚入睡前向對方示好，表達歉意。我問他：「為什麼你總願意成為那個先低頭的人？」他流露真摯的表情，緩緩地說：「因為我經歷過九二一大地震，親身體會重要家人一夜之間突然不見了那樣的傷痛。如果災難和分離隨時都可能發生，我不要我和我的伴侶帶著遺憾離開。」這位朋友的說法，影響我極深。

確實，人生在世，所有的關係都以「離別」為前提，不論過程如何，人與人終得分離；也就是說，我們都是為了離別而相遇的。倘若如此，我們能否提醒自己，在每段關係中，都可以為最美好的離別做準備——願意當那個先低頭的人，或成為那個願意用正向眼光看著對方、抑或試著去看見對方努力的人。當你願意在關係中，一心一意朝著「沒有遺憾的離別」而努力，就是在感情裡不失去自己、願意付出也願意把對方納入心裡的人。這便是本章節最初所談到的：**愛，是一種強烈的情感聯繫，它可以超越個體本身，將兩個人緊緊聯繫在一起**。在沒有愛的關係裡，這一切就不可能發生。因此，愛，是帶我們跨越真實生活磨難的防護罩——這正體現了阿德勒心理學觀點中，愛，是一種社群情懷的高度展現。

最後，回到本章節最初的提問：愛與婚姻是人生課題的「選修」還是「必修」？我想，這仍是個沒有標準答案的大哉問。但如果我們願意將對方視為人生「必修」課題之一，或許在這樣的責任感驅使下，我們能真正體會「愛與親密」這條路上究竟該如何前進，也才能轉化過程中所遭逢的挑戰，找到屬於自己的幸福。

關於「婚姻諮商」，你該知道的事

有不少人問過我，婚姻／伴侶諮商到底有沒有效？說實話，有人有效，也有人怎樣都起不了作用！要知道它有沒有效，得先釐清婚姻諮商到底是什麼？有哪些誤解和迷思？若帶著不切實際的態度進入婚姻諮商，那恐怕只是白忙一場。

◎婚姻諮商的樣貌

- **雙方共同努力的過程**：婚姻諮商是伴侶雙方共同參與，致力於解決婚姻問題的一個過程。它需要雙方都願意投入時間和精力，並且對改善關係有共同的目標和期待。
- **改善溝通的工具**：婚姻諮商會提供伴侶更有效的溝通技巧，幫助他們更好地理解彼此的需求和感受。心理師會引導伴侶如何表達自己的感受，同時也協助雙方如何更好地聆聽彼此，這些技巧能夠有效減少爭吵，增進彼此的理解。
- **安全的討論空間**：婚姻諮商提供一個中立且安全的環境，讓伴侶能在不被指責或評判的情況下，開誠布公地討論彼此的問題和感受。
- **解決問題的策略**：心理師會幫助伴侶識別並解決具體的問題，從情感上的疏離到財務或育兒上的分歧。通過具體的策略和練習，幫助伴侶建立更強的連結。（畢竟婚姻中不只涵蓋柴米油鹽醬醋茶這些現實考驗，具體合作的方法，需要明確的討論才有清楚的方針。）

◎婚姻諮商的誤解與迷思

- **單方面的治療**：婚姻諮商不是單方面的治療，不是只有一方努力，另一方被動接受改變。唯有雙方都積極參與，諮商才能發揮效果。
- **立刻見效的魔法**：婚姻諮商不是一個立竿見影的解決方案。它需要時間、耐心和持續的努力，並不是一次或幾次諮商就能完全解決所有問題。
- **偏袒任何一方**：婚姻諮商不是為了偏袒或支持其中一方的觀點。心理師是中立的，目的是幫助伴侶找到共同的解決方案，而不是站在某一方來批評或指責另一方。（簡單來說，心理師不是任何一方的打手！）
- **問題的最終答案**：婚姻諮商不是所有問題的最終答案。有時候，經過深入的諮商，雙方也可能發現，分開才是對彼此最好的選擇。（我很抱歉！這是真的。）所以心理師的工作是幫助伴侶探索所有的可能性，而不是強迫他們留在一起。（畢竟寧願兩個人分開微笑，也不要一群人擠在一起痛苦。）

◎心理師會怎麼做？

- **改善溝通**：伴侶A和B經常為了小事爭吵，彼此都覺得對方不理解自己。在婚姻諮商中，心理師教導他們「我訊息」(I-messages) 技巧，幫助他們用不帶攻擊性的方式表達感受，降低爭吵次數。
- **解決育兒分歧**：伴侶C和D因為孩子教養分歧而經常爭論。在婚姻諮商中，心理師可以幫助他們討論出共同的育兒目標，針對生活常規計畫做討論，並引導他們如何就孩子的問題進行有效溝通，進而改善生活上的緊張。(這些都需要時間來練習和醞釀。)
- **重建信任**：伴侶E和F因為E的一次背叛而失去信任。在婚姻諮商中，心理師可以協助他們探討背叛的根源，並制定重建信任的步驟，逐步修復彼此的關係。

以上只是舉例，藉以說明婚姻諮商可針對具體問題提供解決方案，但一切還是仰賴伴侶之間的共同努力和配合。

◎**婚姻諮商的核心：雙方願意共同解決問題**

諮商的目的，是為了幫助伴侶雙方理解彼此的觀點和需求，學習更有效的溝通方式。這個過程會涉及到「雙方都得練習」自我反省，以及展現對另一半的同理心。（所以不能一直糾結於自己的委屈！）心理師會做的，是提供一個安全且中立的空間，讓雙方可以敞開心扉，討論平時難以觸及的問題。當雙方都願意積極參與並努力改善彼此的關係，婚姻諮商就有可能帶來顯著的正向改變。

說到這裡，你可能已經發現，婚姻諮商歷程，實際上就是阿德勒心理學對親密關係的經營態度的體現。在婚姻諮商中真正有效的關鍵是，雙方都有「一起」解決問題的態度，也都有持續想「好好相處」的意願。

Chapter 8

帶著「勇氣」出發！

——探索更好的自己

勇氣是阿德勒心理學在生活實踐中的重要關鍵。
勇氣不是不感到害怕，而是在感到害怕時依然願意前行。
勇氣也是面對生活中的困難、挑戰和不確定性時，
仍然保持希望和信念，並積極行動。
勇氣體現於日常生活中的每一個選擇和行動中。

人生可以後悔，但別只剩後悔

你後悔過嗎？想必沒有人不曾後悔吧！在我著手寫這個篇章時，發生了一件令我極度懊惱的事⋯⋯

身為講師的我，某日竟疏忽了一個已經約定好的線上授課工作！更糟的是，當天我帶著孩子出門吃飯，偏偏那間餐廳位在一個完全沒有網路收訊的地下室，以至於承辦的行政夥伴，在近兩個小時內，前後打了十幾通電話給我，我卻完全沒收到。當我吃完飯，回到家接起電話時，就知道「我闖大禍了」！我竟然讓十幾位夥伴同時在線上枯等，在他們找不到講師的情況下，當晚課程只好取消。

我接到電話的當下，心臟撞擊，頭皮發麻，腦中一片空白，不知該如何是好？也不知如何彌補大家？我瞬間湧上無比懊惱與後悔的心情，但更多的是對自己的生氣與責備——我失去的，不只是我的專業與信賴，更浪費了大家的時間。那一晚，整團糾結的情緒攪在心裡，久久難以自拔，也煩惱著日後該怎麼跟學員說明與道歉才好？當晚，我失眠了。

你是否也曾如此，面對自己不論有心或無意所犯下的錯誤，感到後悔無比，甚至日後持續困在已發生卻無法改變的為難之中，被反覆折磨著。人生在世，必然有後悔與遺憾，畢竟活著的時候，幾乎每一秒鐘都是決定的當下——每一刻，都在做選擇。沒有人是完美的，自然會有那麼些時候，因為一個決定或失誤，而感到莫大的後悔、難受。

讓後悔成為指引——錯誤背後的意義

「只有當我們明白每個錯誤都以某種方式指引我們未來應該做什麼時，我們才能理解錯誤的意義。」——阿德勒

後悔，是一個很煎熬的歷程。當人感到後悔，其實是自己在對

過去的行為進行反思和評估。當我們覺得自己的選擇沒能達到預期的結果，又或者，後來發現有更好的選擇時，就會產生後悔的感覺。我們可能在大腦裡不斷反芻令自己懊惱的事情，畫面會不斷湧上，情緒也會不斷翻攪，好希望能回到過去那一刻，告訴自己：「選不同的路吧！」

或許，好希望自己「現在！立刻！」就能做點什麼，來改變錯誤所帶來的後果。如果事情真能立即改善，那心情就會好一點。但最討厭和無力的是，那種再也無法彌補的「動彈不得」的狀態。

確實，只要是人都會犯錯，也正因為我們生命中有所失誤，才可能促成人的進步。曾在電視紀錄片上看過一段敘述：「所有的飛安進步，都是基於曾發生的不幸事故。」這聽起來很令人難受，卻也是事實。這些所犯下的錯誤是不可逆的，所以，更該去思索這些錯誤對我們的可能意義，而不是卡在動彈不得的情緒中。

將懊惱的情緒反應，看作是自我調整和學習的一部分。如同阿德勒說的，把它當作是自己反思過程的一部分，指引我們經由思考過去的行為和其結果，從中學習與成長。進而引導我們往更明智的未來決策而去，也讓我們避免再發生類似的錯誤。

換言之，**後悔，可以代表成長！**阿德勒心理學讓我們理解，「後悔」可以為我們帶來的不同意涵，成為另一種助益。而願意接納犯了錯的自己，並承擔該負的責任，就是「勇氣」。

與後悔對話，調節情緒

遇到後悔的事情，有人可能會想努力說明、解釋，為自己的形象加以澄清；也有人會想修復、彌補，改變原本已經錯誤的結果。但不管怎麼做，這樣的心理狀態若能對生活產生正面效益，「後悔」的情緒就有價值與意義。

練習與面臨低潮、難受的自己共處，是自我學習的歷程。因此，「後悔」可以是一種學習「情緒調節」的策略；「後悔」也是一種自卑感的樣貌，是一種「自我提醒」的角色。

讓我們感到後悔與懊惱的事件，確實都不好受，但如果可以跟這樣的情緒共處一下，不妨問問自己：

- 我現在的感受是什麼？這些感受背後隱含著什麼樣的需求和渴望？這個感受的提醒是什麼？
- 如果我能完全接納這個情緒，會對我的行動和決策有什麼影響？
- 當前的情緒對我的決策有什麼影響？這種情緒是否會持久？

確實，發生懊惱的事情，我們都想解釋，但不論為自己辯解也好，努力彌補也罷，都未必能讓自己完全地轉化與改變，也都侷限在「問題解決」的層級。不過，若能把焦點放在「未來目標」上，層級就不同了。

卡在眼前時，就把時間拉長吧！

我在學習「神經語言程式學」時，有一個「時間線概念」，簡單來說，是當我們卡在眼前的痛苦事件時，或者面對當下過不去的坎時，可以藉由自我提問（或由心理師／諮商師協助）來引導與自己對話。我們可以這樣問問自己：

- 未來的自己（例如：十年後、二十年後），回顧現在這個時刻，會怎麼看待這個問題？
- 眼前這個困境，與我人生的總長度相比，它占據了多少份量？
- 此刻的失敗就代表未來人生的永恆挫敗嗎？
- 如果在未來，我解決了這個問題，未來的我會給現在的自己什麼建議？
- 我未來想要達成什麼目標？這個目標如何影響我現在的決策？
- 現在面臨的這個問題，對我未來的長遠目標有多大影響？
- 解決這個問題，對我現在的生活和未來的發展有何積極意義？
- 如果這個問題解決了，我的生活會有什麼不同？

透過自我提問，我們可以協助自己把視角拉長、拉遠。彷彿可以站在更外化的角色來看待自己，使自己具備更多智慧，也能更冷靜地看待當前的無助。當我們轉換視角，就能減緩對當下問題的焦慮和壓力，因為這可以讓我們看到未來有不同的可能性。

接納人生的不完美

面對懊悔，我們要練習的或許是「接納不完美」。接納人生中必然有不完美，也接納自己是有所限制的；即使自己已經盡了全力，還是會有遺憾的時候。人不是神，不可能無所不能；願意承認自己是能力有限的人，比較容易接納生命裡的不完美。

接受生命中有「束手無策」的無助與無望感，是一種對生命的臣服。在生命的流動中，隨著時間的流逝與個人的成長，那些曾讓自己無力招架的無助感就會慢慢淡去，成為生命軸線上的一小段光影，而不再是一大片被綁架的時光。當強烈的懊悔，成為不可避免的遺憾，這樣的生命或許不完美，卻仍然是完整的。

願意接納自己有後悔的感覺，並與之共處，也試著把專注力放在自己可控的部分，都是展現勇氣的重要練習。而鼓勵人們在面對失落後，持續向前邁進，並不是要全然地放下過去，而是一種提醒——提醒我們把握並珍惜當下所擁有的；可以遺憾，但別糾結，別讓人生只剩後悔，那會阻礙人生！

勇氣，是害怕也願意向前的力量

阿德勒：「人會成功，憑的是勇氣！」自從接觸阿德勒心理學以來，這一直是我很喜歡的一句話，這句話始終牽引著我。究竟什麼是「勇氣」？對很多人來說，或許只是模糊的概念。

生命百轉千迴，歷練更寬闊的自己

你喜歡看運動比賽嗎？我平時不是個特別熱衷運動的人，卻總會被運動比賽中運動員們強大的韌力與熱力吸引著。每當比賽陷入廝殺，分數形成拉鋸戰，雙方緊追死咬的時候，我跟著屏氣糾結，緊繃不已。也曾看過這樣的比賽，一方在比賽之初就大幅落後，獎牌讓對方帶走已是可預見的事，卻在最後發生驚奇與驚險的翻轉，落後的那一方出現瘋狂逆轉勝，全場歡聲雷動！

每次看到那些在運動場上拚盡全力的運動員，總會因為他們那樣的力量而受到巨大的震撼。他們明知勝利的機會微乎其微，卻依然不放棄，咬緊牙關、無所畏懼地堅持到最後一刻。那種堅持與力量，就是「勇氣」的真實體現。憑著勇氣，讓他們即使陷入苦戰，也看似無所畏懼！

勇氣，是一種帶著希望與目標往下走的感覺。面對困境，或許我們心裡都很清楚，眼前的路不容易，甚至一邊走也一邊覺得辛苦，但即便如此，心中懷抱勇氣，就依然願意嘗試。

那些面對生命困境的人，那些處於逆境卻可以勇敢克服的人，他們未必是不害怕，但依然帶著力量往下走，往往來自一種信念，一種希望感，一種埋在心底隱微的聲音，在對自己說：「會過去的！」所以，**真正的勇氣是，一邊帶著不確定感，一邊害怕，但依然帶著盼望持續前進**。換言之，勇氣長在「不安」之中，介於舒適圈和恐慌之間的灰色地帶。

「Act as if」帶著信念走

「Act as if」是阿德勒心理學中一個重要的概念，意思是「**如同已經擁有某種特質或達成某個目標一般地去行動**」。這並不是欺騙自己，而是透過行為上的改變來帶動心理和情感上的轉變。更簡化來說，展開行動前，我們都假定自己已經有能力完成並做到這件事，以此為目標而行動。

生活中，我們常常在不經意間實踐著「Act as if」。買下某本書、報名健身課程、參加某個聚會、決定和某人交往、決定結婚生子……等等，諸如此類的決定背後，都帶著「我會完成！」的預設心境。我們知道嘗試某個新課程其實耗時又費力，我們也知道生兒育女並不簡單，生命中許多決定都會讓我們付出代價，感到辛苦，但我們依然願意嘗試，這就是「Act as if」，我們如同自己會完成任務一般地去行動。帶著這樣的目標和冀盼，生命就有源源不絕的力量往下走。

人生在世，總有徬徨無助的時候，但只要有目標和希望，生命的迷途就不會太久。阿德勒說：「如果一個人具備勇氣，那麼在遇到挫敗時，他承受的傷也不會太重。」生命，會憑著自己的目標與盼望指引，這便是勇氣的存在。

生活中的突發事件有時像無法預料的暴風雨，襲捲而來的力量，可能會摧毀我們原本的藍圖與規畫，但正因為它帶走了我們曾經深信不疑的路標，反而為我們帶來不同路徑的可能。這些突發事件，讓我們看見不同的風景和不一樣的自己。

美國作家馬克・吐溫說：「人一生中最重要的兩天，就是出生那天和發現人生目標的那天。」依循目標前進，以終為始的人生，會帶著更多的底氣與盼望。

當我們帶著勇氣與希望前行，就會明白，一路上的顛簸只是轉折，而不是永無出口的死胡同。如此一來，過去遭受的苦難與挫折便會逐漸從生命中淡去，越來越模糊。

摘掉粉紅色眼鏡，調整視角

這是一個數學題，一間飼養著上千隻雞的養雞場，某日闖進了一隻兇猛的老鷹。瞬間，老鷹咬掉了八隻雞的頭。問題來了，你猜猜這座養雞場還剩下多少隻活雞？九百九十二隻？你可能會這樣想，但事實上，養雞場只剩下一百多隻活雞。這是二〇二一年的真實新聞事件，在台東池上鄉的一處養雞場，闖入了一隻老鷹，在活吞了八顆雞頭飽餐一頓後飛走，但損失的不止八隻斷頭雞，另有八百多隻小雞受驚嚇而窒息，瞬間死亡。

現實中，有些人也在無意間成了「受驚嚇的雞」，明明受攻擊的不是自己，卻卡在自己的情緒與害怕裡，讓自己受了傷害。當我們遇到困境，若無法相信這是暫時的，就會進入僵化的狀態。儘管發生的事不可能改變，但只要調整觀看事情的角度與視野，生命是有機會改寫的！

阿德勒說：「戴著粉紅色眼鏡的人，他看見的世界就永遠都是粉紅色的。」有些人，慣性地以「負面視角」來看待人生，認為生命就是充滿負面與惡意的——看不見希望的人，就難以看見出口；反之，當你相信什麼，生命的路途便會帶你指向那裡。

從競爭力到生命力

一位心理師朋友曾對我說：「當我們無法從競爭力的思維轉向生命力的思維時，在當代就無法得到平安。」這句話讓我思索了許久。

你是否也總活在「競爭力思維」中？我們向來專注於透過競爭和外在價值，想超越他人、追求優越來看見自己的價值。然而，這樣的思維模式只會強化我們的自卑感，加劇痛苦感——畢竟在與他人競爭的賽道上，並非每個人都能成為勝利者。而所謂「**生命力思維**」，**是去關注自身的內在價值和潛力，也看見自己在生活中與他人合作、支持和共同成長的力量，從而感受到自己的獨一無二**。這正是阿德勒教會我們在生命裡展現出來的溫柔。

看見自己的力量，也與他人共融合作，在這樣的歷程裡，我們感知自己內心的平和，也與他人建立共好關係，這才是真正的內在平穩之源。阿德勒認為，**個人只有在與他人建立積極的社會聯繫並感受到自身價值時，才能達到真正的心理安適和幸福。**

人生百態，強韌如水

人生不是一場只有歡笑的趣味遊戲，它充滿了各式苦難與挑戰。因此，人生的關鍵就在於你如何看待這些磨難。我們未必要鄉愿地說「生命必然抱著禮物」，因為有時我們確實感到痛苦與不堪，但生命正是由那一連串的痛苦與不堪形塑成如今的我們。

阿德勒說：「生活如同一條溪流，承載著一切種種。」水有著強大的韌力，能適應各種環境。我們的生命亦如河水般向前奔流，穿越各種土壤與岩壁，遇見可克服的障礙，突破與前進；遇見無法跨越的阻力，那就繞道而行。百轉千迴，生命河道上的任何變化，最終都會帶我們通往寬闊的大海，形塑自己獨特的生命風格。

在生命裡，遇見阿德勒的溫柔

鑽研阿德勒心理學多年，阿德勒教會我，**試著對自己更多地敞開，對生命更多地放下**。當我開始試著放開自己，學會不要在意，也學會接納自己的樣貌後，不僅一切都順利了起來，性格上也少去了稜角，多了自在；少了剛烈，多了柔軟。本質上，我們依然是相同的那個人，但不同的是，我們在面對人和事時會輕盈許多。

練習勇氣與相信，安頓自己

人總要學會放下，才會得到更多。放下，不是放棄，而是在浮浮沉沉中，努力讓自己不要過度努力；少了攻擊自己，少了與他人的競爭，才能真實的擁有。生命無常，喜悅無常，悲傷也無常，既然知道困苦與艱難都是流動與階段性的，我們便不會失去希望——帶著希望往前走，就能安在許多。

佛家說，生命的本質是受苦。從阿德勒心理學角度來看，**生命**

的本質在於「克服的力量」，因為有卑劣，所以想邁向優越。能在克服過程中帶給我們力量與意義的，是與他人的結締與合作，在群體中感知到自己的存在價值，自然不再糾結於自己不夠好的劣等感。**一切的關鍵是相信**。沒有相信，便無法產生勇氣；而讓我們願意相信的重要力量是愛；愛，來自團體的支持與歸屬感。你是否看見了，這是個持續循環的流動力。

有勇氣的人生，不是某日醒來，突然就感覺身上某個開關打開了，自己吃了無敵星星，一切都迎刃而解。**有勇氣的人生，是時間能量在生命裡滾動式的預備，是一點一滴由現在開始練習的積累**。然後，某日就在一個剛剛好的時刻，當你回顧自己一路走來，會突然發現：「咦？我好像真的有那麼一點不同了呢！」即使嘗試改變的路途上，仍有不成功的經驗或不夠好的感受，那都沒關係。再試一次就好了！那不代表失敗，只是尚未成功而已。每一天、每一分、每一秒，都是全新的開始，都是勇氣與改變的起點。

改變與勇氣的積累從何而來？當然，有各式各樣的方法，閱讀也好，諮商也好，甚至每天撥一點時間，與自己內心的感受對話都好，這一切都需要練習——所有的練習，都需要「開始」的那一刻。

從生命任務中，追求人生的幸福感

阿德勒心理學的溫柔教會我，原來生命裡的幸福，並不是努力來的，也不是等來的！不是我拚了命地追，等到某一天，就能因為達到某種成就，或獲得了某種勛章，幸福感就會突然降臨。

阿德勒教會我，人生的幸福感是去展開生命裡的三大任務——人際關係、工作、愛與親密——不斷地與自己對話、與他人互動。在貢獻自己、克服自卑的過程中，自然而然地體驗到愛與力量的灌注。從中，看懂自己的自卑，也理解他人的自卑，平等地在各自的課題裡，關注、傾聽、陪伴、磨合、合作、共好；如實地接納當下剛剛好的安排，循著清晰的方向往未來邁進。

阿德勒心理學說來容易，但也不容易，它的概念與精神或許你我都不陌生，但要真正落實於生活中，必須不停地覺察、解構、再建構，經驗、再經驗，才能慢慢內化成自己的一部分。我們在實踐這些理念的過程中，不僅僅是信念的轉化，更是自我改變的力量；唯有不斷地反思與實踐，才能將內在的勇氣轉化為具體的行動。

本書中提到許多戲劇的內容，因為戲劇能真實反映出人生的情感與人際動力，有可借鏡之處。然而，生命並不是戲劇，無法任意調整播放速度。生命就是每一秒的加總；每一秒都無法跳過，也永遠不可能重頭來過。因此，當我們把握每個當下前行，Act As If，我們的勇氣便會因為這份信念而不斷轉化，最終，將成就出專屬於自己的完美的、不完美的、精彩也唯一的生命風格。

後記

我的「自卑與超越」，漫長寫作之旅

你是否有過這樣的經驗？你全心全意想做好某件事情，並在開始前做了大量的準備；你確信自己可以做得很好，甚至向別人拍胸脯保證，把這件事交給你絕對沒問題！於是你開始上路了！接著，你遇上了一連串的困難和打擊。越做，越覺得無力；越進行，無能感越強烈！不足與脆弱感不停地在內心湧現，一點一滴吞噬掉原本的自信和信念。於是，你卻步了，你害怕了，變得舉步蹣跚，越來越驚恐！你對自己產生嚴重的質疑——一開始究竟是誰給予的勇氣？竟然這麼不知天高地厚，自以為有能力完成這件宛如天方夜譚的任務?!過程中，「越挫越勇」四個字是虛幻又騙人的童話，因為你一路上遇到的，是現實在胸口撞擊，自卑把你狠狠打趴……

掙脫自卑與完美束縛

上述這段經歷，就是這本書《生活裡，遇見阿德勒的溫柔》的產出過程。真的一點也不誇張，這幾十個月以來，我就是這樣痛苦又掙扎、矛盾又自我生氣地走在這段顛簸難行的路上，真真實實，也扎扎實實！

這本書，我寫了足足兩年啊！整個寫作過程真的好辛苦（也痛苦）！如果說「自卑與超越」一詞，是黃光國老師用來闡述阿德勒心理學核心概念的話，那麼，你手上這本書就是我個人「自卑與超越」的完整展現。

說實話，當初我真沒想過這本書會這麼難寫。起初，我只是抱著單純的想法，想告訴大家：阿德勒心理學沒那麼生硬，沒那麼難懂；它是生活裡的一道光，是一股溫柔又綿長的力量，可以指引大家邁向幸福的可能道路。但越寫，自己卻越陷入五里迷霧之中……

該怎麼做，才能把完整又扎實的理論，用自己的方式，講給大家聽？又該怎麼描述，才不會讓人讀起來過於艱澀？這句話這樣可以嗎？會不會漏了其他說明？這一路寫來，我就一路撞在自己的自卑上——我不夠好！我寫不出來！我越努力，就越用力；越用力，就越無力。

無力與無能，讓我好幾度想放棄了；幸好，這一路上有人陪著我！我得誠摯地感謝我的編輯美玲，是她這一路的不離不棄與溫柔守候，外加鼓勵與支持（半哄半拐？），最終才能完成這本書。她就像阿德勒心理學裡提到的良好父母該有的姿態與角色——溫和又堅定，陪伴我在寫作的路上。「**一本書只有一次機會**」，這是她在二〇二三年六月的信件中給我的鼓勵。這句話也成了我在寫作路上，用來提醒自己的金句良言。

這就是阿德勒心理學的概念啊！當生命感到困苦的時候，有人陪著，就不那麼痛苦了！孤獨的人，是走不遠的。有人在一起，力量就出來了！這便是社群凝聚的力量！

每個人都有屬於自己的自卑要克服；而克服，真是一件勞神費力的事情！渴望完美，害怕不足！我是如此冀盼這本書的出現，卻又無比害怕它的不夠完美。但……這世上有誰是真正完美呢？這樣執著於「完美」的意念，反而令我裹足不前，一再躊躇拖沓……直到某日，我突然意識到：或許，我永遠不可能把這本書變成我心中希望的那樣百分之百完美吧！多虧了當下那樣的覺察，它鬆掉了一直以來盤踞在我心中、堅持這本書非完美不可的執念。

覺察，是「有毒慣性」的休止符

接著，新的體驗與改變開始了！我知道我能用**屬於我**的方式，把**我所理解**的阿德勒心理學介紹給大家。那依然不會是完美的，也許阿德勒本人也未必能寫出完美的書籍，但至少我可以給出我所認為的完整。（這是真的，阿德勒在當年是一位非常棒的演說家，四處旅行，分享他的概念，但相較於其他心理學大師如佛洛伊德、榮格等，他所留下來的手稿，被認為相對不足。）

身為一個人，我永遠不可能是完美的——我不是完美妻子，不是完美母親，更不是完美文字工作者。但能知道自己不完美，是很重要的覺察，那能避免我落入反覆無效慣性裡，也讓我在這條寫作之路上適時地自我提醒，避免陷入「完美」的泥淖之中。明白自己的不完美，是種提醒——它提醒了我，要更感恩旁人的一切包容與接納；也提醒我，別去要求他人也完美，讓每個人都能做到「剛剛好就好」，如實地做自己。

邀你一起認識「生活的哲學」

學習阿德勒心理學多年的我，一直抱著這個渴望，希望能藉由自己的力量，寫一本屬於台灣人的阿德勒。沒有艱澀的理論，沒有嚴肅的教條，用白話，但不過於簡化的口吻，淡淡訴說我們生活周遭總會遇到的問題與困境；像是搭建一座橋一樣，帶領讀者慢慢看懂阿德勒的思維，感受百年前阿德勒精神的細緻與溫柔，進而療癒每個人生活中的疲憊。

感謝各界的前輩先進，在推廣阿德勒心理學之路上的提攜與努力，讓我可以用自己專屬的語言，分享我所看見的阿德勒。此時的我，終於可以喘一口氣，跟自己說：我算是完成了吧！我有把阿德勒心理學講清楚了吧⁈這樣也算對自己與祖師爺有一點交代了。

最後，想問問你，你認為阿德勒心理學究竟是什麼？是要有「被討厭的勇氣」？還是父母們都提倡的「正向教養」？或是「不斥責、不讚美、不命令的部屬管理」？其實，這些都只是一部分的阿德勒；是每一位學者、作者、研究員眼中所看出去的阿德勒。阿德勒心理學的核心有三：克服自卑、擁有勇氣、社會共融——這是我想在這本書裡帶給大家的。

別把阿德勒心理學當成是一種教條、一種規範，也別把它單純看作是一個心理學門派。如果你願意，請試著跟我一起，把它看作是一門生活哲學吧！它是一種精神，一種可以在生命裡隨處實踐的生活態度。

接納自卑，與自己共好；
擁抱社會，與世界共好。

不論你在書中讀到了什麼，也請記得，這些都是從我的角度出發的阿德勒，它未必是阿德勒的完整全貌。所以，接下來也邀請你用你的眼光和經驗去探索阿德勒的世界吧！去感受自卑是什麼？體驗勇氣是什麼？明白平等與共好又是什麼？去體驗在你的世界裡，阿德勒帶給了你什麼樣的溫柔？

我是李家雯（海蒂），我是阿德勒學派諮商心理師。

謝謝你，願意翻開這本書。

謝謝你，給了我這樣的殊榮，讓我陪著你一起，在「生活裡，遇見阿德勒的溫柔」。

國家圖書館出版品預行編目資料

生活裡，遇見阿德勒的溫柔：克服自卑×接納不完美，從阿德勒心理學找到自我療癒與成長的勇氣／李家雯（海蒂）著. --初版. -- 臺北市：日月文化出版股份有限公司，2024.10
384面；14.7×21公分. --（大好時光；85）
ISBN 978-626-7516-34-8（平裝）

1.人生哲學　2.自我實現

191.9　113012718

大好時光 85

生活裡，遇見阿德勒的溫柔

克服自卑×接納不完美，從阿德勒心理學找到自我療癒與成長的勇氣

作　　者：李家雯（海蒂）
主　　編：謝美玲
校　　對：謝美玲、李家雯
封面設計：之一設計工作室
美術設計：林佩樺

發 行 人：洪祺祥
副總經理：洪偉傑
副總編輯：謝美玲
法律顧問：建大法律事務所
財務顧問：高威會計師事務所
出　　版：日月文化出版股份有限公司
製　　作：大好書屋
地　　址：台北市信義路三段151號8樓
電　　話：（02）2708-5509　傳　　真：（02）2708-6157
客服信箱：service@heliopolis.com.tw
網　　址：www.heliopolis.com.tw
郵撥帳號：19716071 日月文化出版股份有限公司

總 經 銷：聯合發行股份有限公司
電　　話：（02）2917-8022　傳　　真：（02）2915-7212
印　　刷：禾耕彩色印刷事業股份有限公司
初　　版：2024年10月
初版四刷：2024年11月
定　　價：450元
I S B N：979-626-7516-34-8

日月文化集團
HELIOPOLIS
CULTURE GROUP

客服專線 02-2708-5509
客服傳真 02-2708-6157
客服信箱 service@heliopolis.com.tw

廣告回函
台灣北區郵政管理局登記證
北台字第 000370 號
免貼郵票

日月文化集團 讀者服務部 收

10658 台北市信義路三段151號8樓

對折黏貼後，即可直接郵寄

日月文化網址：**www.heliopolis.com.tw**

最新消息、活動，請參考 FB 粉絲團

大量訂購，另有折扣優惠，請洽客服中心（詳見本頁上方所示連絡方式）。

大好書屋　寶鼎出版　山岳文化

EZ TALK　EZ Japan　EZ Korea

日月文化集團
HELIOPOLIS
CULTURE GROUP

感謝您購買 生活裡，遇見阿德勒的溫柔

為提供完整服務與快速資訊，請詳細填寫以下資料，傳真至02-2708-6157或免貼郵票寄回，我們將不定期提供您最新資訊及最新優惠。

1. 姓名：＿＿＿＿＿＿＿＿ 性別：□男 □女
2. 生日：＿＿＿＿年＿＿＿＿月＿＿＿＿日 職業：
3. 電話：（請務必填寫一種聯絡方式）
   （日）＿＿＿＿＿＿（夜）＿＿＿＿＿＿（手機）＿＿＿＿＿＿
4. 地址：□□□
   ＿＿＿＿＿＿＿＿＿＿＿＿
5. 電子信箱：＿＿＿＿＿＿＿＿＿＿＿＿
6. 您從何處購買此書？□＿＿＿＿＿＿縣/市＿＿＿＿＿＿書店/量販超商
   □＿＿＿＿＿＿網路書店 □書展 □郵購 □其他
7. 您何時購買此書？ 年 月 日
8. 您購買此書的原因：（可複選）
   □對書的主題有興趣 □作者 □出版社 □工作所需 □生活所需
   □資訊豐富 □價格合理（若不合理，您覺得合理價格應為＿＿＿＿＿＿）
   □封面/版面編排 □其他＿＿＿＿＿＿
9. 您從何處得知這本書的消息： □書店 □網路／電子報 □量販超商 □報紙
   □雜誌 □廣播 □電視 □他人推薦 □其他
10. 您對本書的評價：（1.非常滿意 2.滿意 3.普通 4.不滿意 5.非常不滿意）
    書名＿＿＿＿ 內容＿＿＿＿ 封面設計＿＿＿＿ 版面編排＿＿＿＿ 文/譯筆＿＿＿＿
11. 您通常以何種方式購書？□書店 □網路 □傳真訂購 □郵政劃撥 □其他
12. 您最喜歡在何處買書？
    □＿＿＿＿＿＿縣/市＿＿＿＿＿＿書店/量販超商 □網路書店
13. 您希望我們未來出版何種主題的書？＿＿＿＿＿＿＿＿＿＿＿＿
14. 您認為本書還須改進的地方？提供我們的建議？
    ＿＿＿＿＿＿＿＿＿＿＿＿＿＿＿＿＿＿＿＿＿＿＿＿
    ＿＿＿＿＿＿＿＿＿＿＿＿＿＿＿＿＿＿＿＿＿＿＿＿
    ＿＿＿＿＿＿＿＿＿＿＿＿＿＿＿＿＿＿＿＿＿＿＿＿
    ＿＿＿＿＿＿＿＿＿＿＿＿＿＿＿＿＿＿＿＿＿＿＿＿

生命，因**閱讀**而**大好**